Von

....

Für

....

Über den Autor

Max Lucado war langjähriger Pastor der *Oak Hills Church* in San Antonio, Texas. Er ist verheiratet, Vater von drei Töchtern und Verfasser vieler Bücher. Die Zeitschrift *Christianity Today* zählt ihn zu den bekanntesten christlichen Autoren Amerikas.

Zu seinen Bestsellern gehören u. a. „Leben ohne Angst", „Du schaffst das", „Leichter durchs Leben" und „Wie man Riesen besiegt".

MAX LUCADO

Denn er ist an deiner Seite

Hoffnung und Halt
in unsicheren Zeiten

GerthMedien

FSC
www.fsc.org
MIX
Papier | Fördert gute Waldnutzung
FSC® C018236

1. Auflage 2024
Bestell-Nr. 817799
ISBN 978-3-95734-799-2

Umschlaggestaltung: Hanni Plato
Umschlagmotiv: Shutterstock (Vogelmotiv Anna Paff)
Satz: Uhl + Massopust, Aalen
Druck und Verarbeitung: Dimograf
Printed in Poland

www.gerth.de

Inhalt

Einleitung

Er ist der ältere Typ in der Blaskappelle der *Louisville Cardinals.* Man kann ihn nicht übersehen. Alle anderen sind im Studentenalter; er ist mittleren Alters. Alle anderen tragen die Uniform der Blaskappelle; er trägt Windjacke und Wollmütze. Alle anderen spielen ein Instrument. Patrick John Hughes schiebt einen Rollstuhl. In dem Rollstuhl sitzt sein Sohn Patrick Henry Hughes, ein blindes, behindertes Musikgenie.

Patrick kam am 10. März 1988 zur Welt. In dem Augenblick, als er das Licht der Welt erblickte, verwandelten sich eigentlich gute Nachrichten in schlechte Nachrichten. Die Ärzte stellten nämlich sofort fest, dass sich seine Arme und Beine nicht strecken ließen. Und seine Augen? Er hatte keine.

Patrick Senior war darüber zutiefst erschüttert. Er hatte sich so darauf gefreut, einen Sohn großzuziehen. Er hatte Pläne geschmiedet, wollte den Garten in ein Baseballfeld verwandeln. Er hatte davon geträumt, dass sie viele glückliche Stunden damit zubringen würden, von einer Base zur nächsten zu rennen und Bälle zu fangen. Und jetzt? Später schrieb sein Sohn folgende Worte: „Man könnte sagen, dass ich am Tag meiner Geburt gewissermaßen einen Beutel

Zitronen mitbrachte, während meine Familie lieber Orangen gehabt hätte. … Aber auch wenn man sich noch sehr so bemüht: Man kann aus Zitronen keine Apfelsinen machen. Meine Eltern haben mir beigebracht, dass man nicht aufgeben darf. Und dann stellt man irgendwann fest, dass Zitronen auch nicht übel sind."[1]

Und Patricks Eltern haben wirklich nicht aufgegeben.

Sein Vater merkte, dass sich der Säugling beruhigen ließ, wenn man ihn aufs Klavier legte und ein bisschen spielte. Die Musik löste etwas in dem Kind aus. Mit neun Monaten klimperte der kleine Patrick bereits auf den Tasten herum. Mit zwei Jahren konnte er schon Lieder spielen. In der Grundschule gab er Konzerte. Während seiner Highschoolzeit nahm er an Musikveranstaltungen im gesamten Bundesstaat teil. Er schloss die Schule mit einer glatten Zwei ab.

Als er an die Uni von Louisville kam, war er bereits für sein Klavier- und Trompetenspiel bekannt. Der Bandleiter lud ihn ein, in der Blaskappelle mitzuspielen. Doch ein Rollstuhl beim Halbzeit-Programm?

Man organisierte extra einen Rollstuhl mit größeren Rädern, Rädern, die weiter auseinanderstanden. Der Teenager und sein Vater starteten bei einem Sommerlager der Band einen Versuch: Sie wichen jeden Tag zwölf Stunden lang den Tubas aus und flitzten zum richtigen Platz, ohne dabei die gesamte Bläser-Sektion über den Haufen zu fahren.

„Bisher hat er mich noch nie im Stich gelassen", meinte der Junge grinsend.

Und das wird er auch nie tun. Der Vater hat seinen Sohn an jedem einzelnen Schultag zum Unterricht geschoben und sich in den Vorlesungen neben ihn gesetzt. Flüsternd hat er ihm das vorgelesen, was die Dozenten an die Tafel schrieben. Und als der Rest der Familie ins Bett ging, ging der Vater zur Arbeit. Nach der Nachtschicht kam er um sechs Uhr morgens nach Hause, schlief ein paar Stunden und fing dann wieder von vorne an. Aber dieser Vater beklagt sich nie. „Natürlich fragen wir uns immer noch: ‚Warum gerade wir?'", sagt er, „aber heute lautet die Frage: ‚Warum gerade wir? Womit haben wir dieses Glück verdient?'"[2]

Kommt dir diese Geschichte irgendwie vertraut vor? Das sollte sie auch. Der Junge im Rollstuhl: Das sind wir beide. Auch wir kämpfen mit unseren jeweiligen Einschränkungen. Auch wir tappen durch die Dunkelheit und können nicht einen Schritt in die Zukunft sehen.

Und diese Kraft, die wir spüren? Diese Hand, die uns führt? Das ist Gott, der hinter uns steht. Er schiebt, zieht, lenkt und biegt ab. Er kann uns auf der Stelle wenden und ist dafür bekannt, auch mal ein bisschen Rollstuhlakrobatik zu vollführen. Aber er wird uns niemals im Stich lassen. Unser himmlischer Vater führt uns mit sicherer Hand. „Fürchte dich nicht, denn ich bin bei dir. Sieh dich nicht ängstlich nach Hilfe um, denn ich bin dein Gott: Meine Entscheidung für dich steht fest, ich helfe dir. Ich unterstütze dich, indem ich mit meiner siegreichen Hand Gerechtigkeit übe" (Jesaja 41,10).

Machst du dir Sorgen um morgen? Gott nicht. Er ist bei dir und will dir helfen.

Bist du müde vom ständigen Kämpfen? Gott nicht. Er ist bei dir und will dir helfen.

Rauben deine Ängste dir den Schlaf? Gott will dich trösten. Er ist bei dir und will dir helfen.

Ganz gleich, vor welchem Problem oder welcher Frage du stehst: Gott schenkt dir seine Gnade, und das bedeutet, dass du dich dieser Sache stellen kannst. Er kann die Situation meistern. Und er will dir helfen, wenn du ihn lässt.

Kapitel 1

Gott will dir helfen, wenn du Sorgen hast

Aller Voraussicht nach hast du selbst oder jemand, den du kennst, mit Sorgen zu kämpfen. Laut einer Statistik der TU Dresden nehmen Angststörungen seuchenartige Ausmaße an. 2010 spürten gut 12,5 Millionen Deutsche die Auswirkungen von Panikattacken, Phobien und anderen Angststörungen.[1] Wir spüren eine Beklemmung in der Brust. Wir fühlen uns schwindelig und etwas benommen. Wir fürchten uns vor Menschenmengen und meiden andere Leute. Bei uns in den Vereinigten Staaten stehen Angststörungen sogar „auf Platz 1 der psychischen Erkrankungen bei … Frauen und nur auf Platz 2 hinter Alkohol- und Drogenmissbrauch bei Männern".[2] „Die Vereinigten Staaten sind jetzt die besorgteste Nation der Welt."[3] (Na, herzlichen Glückwunsch!?)

Das *Journal of the American Medical Association* zitiert eine Studie, die auf einen exponentiellen Anstieg von Depressionen hinweist. Dieser Studie zufolge war im 20. Jahrhundert die Wahrscheinlichkeit, dass Menschen an einer Depression erkrankten, dreimal so hoch wie bei der vorangegangenen Generation.[4]

Wie kann das sein? Unsere Autos waren noch nie so sicher wie heute. Es gibt Bestimmungen für Lebensmittel und Wasserqualität und Elektrizität. Obwohl es in vielen Städten immer noch Gangs gibt, laufen die wenigsten Amerikaner Gefahr, Opfer eines Überfalls zu werden. Doch wenn Sorgenmachen eine olympische Disziplin wäre, würden wir die Goldmedaille gewinnen! Die Bürger anderer Nationen erfreuen sich größerer innerer Ruhe. Ihr „Angstniveau" beträgt nur 20 Prozent von dem der Amerikaner, und das obwohl viele von ihnen weniger von dem besitzen, was man zum Leben braucht.[5]

Wenn Sorgenmachen eine olympische Disziplin wäre, würden wir die Goldmedaille gewinnen!

Unseren Kindern geht es da ähnlich. Eine Studie, die unter mehr als 200 000 Erstsemestern durchgeführt wurde, ergab, „dass die allgemeine psychische Verfassung und die emotionale Stabilität der Studierenden auf einem Tiefststand sind".[6] Der Psychologe Robert Leahy weist darauf hin: „Das durchschnittliche Kind von heute weist das gleiche Angstlevel auf wie der durchschnittliche psychiatrische Patient in den 1950er-Jahren."[7]

Wir sind angespannt. Unruhig.

Warum? Was ist der Grund für unsere Sorge?

Da sind zum einen die Veränderungen. Forscher mutmaßen, dass sich die „Lebensbedingungen und die soziale Ordnung in der westlichen Welt in den vergangenen dreißig Jahren stärker verändert haben als in den dreihundert Jahren zuvor"![8] Denk nur mal darüber nach, was sich alles verändert hat: die Technik. Es gibt jetzt das Internet. Die Häufung der Warnungen vor globaler Erwärmung, nuklearem Krieg und terroristischen Angriffen.

Darüber hinaus bewegen wir uns schneller als je zuvor. Unsere Vorfahren reisten so weit, wie ein Pferd sie an einem Tag tragen konnte. Und wir? Wir düsen durch Zeitzonen, als wollten wir nur mal kurz um den Block.

Und was ist mit dem Anstieg persönlicher Herausforderungen? Du oder jemand, den du kennst, steht vor der Privatinsolvenz, kämpft gegen Krebs an, schlägt sich mit einer Scheidung herum oder ringt mit einer Sucht. Du oder jemand, den du kennst, ist bankrott, pleite oder arbeitslos.

Man sollte doch annehmen, wir Christen hätten keine Probleme mit dem Sorgenmachen. Doch das ist nicht der Fall. Man hat uns eingeredet, dass das Leben als Christ friedlich ist, und wenn wir diesen Frieden nicht erleben, dann liegt die Schuld bei uns. Wir machen uns also nicht nur Sorgen, sondern fühlen uns wegen unserer Sorgen auch noch schuldig! Das führt wiederum in eine Abwärtsspirale aus Sorgen, Schuld, Sorgen, Schuld.

Kein Wunder, dass wir uns fragen, ob der Apostel Paulus den Bezug zur Realität verloren hatte, als er schrieb: „Sorgt euch um nichts“ (Philipper 4,6).

„Macht euch weniger Sorgen“ wäre schon eine echte Herausforderung gewesen. Oder: „Sorgt euch nur an Donnerstagen.“ Oder: „Sorgt euch nur in Zeiten schwerer Bedrängnis.“ Aber Paulus scheint uns hier keinen Spielraum zu lassen. *Macht euch keine Sorgen.* Gar keine. Null. Nada. Hat er das gemeint? Nicht so ganz. Paulus verwendete hier eine Verbform, die auf einen andauernden Zustand hindeutet. Er bezog sich auf das Leben in ständiger Sorge. In der revidierten Fassung nach Lucado heißt es an dieser Stelle: „Lasst euch durch nichts im Leben in ständige Atemlosigkeit und Angst versetzen.“ Sorgen sind unvermeidlich, doch im Gefängnis der Sorge zu sitzen ist etwas, wofür wir uns selbst entscheiden.

Sorgen sind unvermeidlich, doch im Gefängnis der Sorge zu sitzen ist etwas, wofür wir uns selbst entscheiden.

Sich Sorgen zu machen ist keine Sünde; es ist ein Gefühl. (Also sei nicht besorgt darüber, dass du besorgt bist.) Sich Sorgen zu machen kann jedoch zu sündigem Verhalten führen. Wenn wir unsere Ängste mit Sixpacks oder Fressorgien betäuben, wenn die Wut aus uns herausbricht wie die Lava aus dem Vesuv, wenn wir mit unseren Ängsten hausieren gehen, bis jemand sie uns abkauft, dann sündigen wir. Wenn Sorge dich innerlich vergiftet und dazu bringt, deinem Partner den Rücken zu kehren, deine Kinder zu vernachlässigen, Verträge oder Herzen zu brechen, dann nimm dich in Acht. Jesus sagte: „Seid wachsam! Lasst euch nicht von … den Sorgen des Alltags gefangen nehmen“ (Lukas 21,34). Wirst du von den Sorgen des Alltags gefangen genommen? Achte einmal auf die folgenden Anzeichen:

- Lachst du weniger als früher?
- Denkst du gleich darüber nach, was schiefgehen könnte, wenn du etwas unternimmst?
- Würden diejenigen, die dich am besten kennen, dich als zunehmend negativ und kritisch beschreiben?
- Gehst du davon aus, dass bald etwas Schlimmes geschieht?
- Spielst du gute Nachrichten herunter, weil du eine ganz andere Sicht der Realität hast?
- Würdest du oft lieber im Bett bleiben als aufzustehen?
- Spielst du negative Dinge hoch und die positiven runter?
- Würdest du es vorziehen – wenn das möglich wäre –, für den Rest deines Lebens jeglichen Umgang mit Menschen zu meiden?

Wenn du die meisten dieser Fragen mit Ja beantwortet hast, solltest du mal einen Freund von mir kennenlernen. Genauer gesagt: Es gibt da eine Bibelstelle, die du lesen solltest. Ich habe diese Worte schon so oft gelesen, dass wir gewissermaßen Freunde geworden sind. Und ich würde diesen Abschnitt auch für die Ruhmeshalle der Bibelstellen nominieren. An der Wand dieses Museums, an der Psalm 23, das Vaterunser und Johannes 3,16 hängen, sollte auch Philipper 4,4–8 vertreten sein:

Freut euch im Herrn. Ich betone es noch einmal: Freut euch! Lasst alle sehen, dass ihr herzlich und freundlich seid. Denkt daran, dass der Herr bald kommt. Sorgt euch um nichts, sondern betet um alles. Sagt Gott, was ihr braucht, und dankt ihm. Ihr werdet Gottes Frieden erfahren, der größer ist, als unser menschlicher Verstand es je begreifen kann. Sein Friede wird eure Herzen und Gedanken im Glauben an Jesus Christus bewahren. Und nun, liebe Freunde, lasst mich zum Schluss noch etwas sagen: Konzentriert euch auf das, was wahr und anständig und gerecht ist. Denkt über das nach, was rein und liebenswert und bewunderungswürdig ist, über Dinge, die Auszeichnung und Lob verdienen.

Fünf Verse mit vier Ermahnungen, die zu einer wunderbaren Verheißung führen: „Sein Friede wird eure Herzen und Gedanken im Glauben an Jesus Christus bewahren" (Vers 7).

Rede voll Freude von Gottes Güte. „Freut euch im Herrn" (Vers 4). Das heißt nicht, dass du deine Umstände ignorieren oder schönreden sollst. Freue dich *im Herrn*. Freue dich darüber, wer er ist und was er in deinem Leben getan hat, und erzähle mit Begeisterung von seiner Güte, Treue und Vergebung. An diesen Eigenschaften von Gott wird sich nie etwas ändern, ganz gleich, was du durchmachst.

Unterbreite Gott deine Probleme. „Sagt Gott, was ihr braucht“ (Vers 6). In Vers 5 heißt es: „Denkt daran, dass der Herr bald kommt.“ Paulus meint damit, dass wir Gott um alles bitten dürfen, was wir brauchen, denn er ist uns nie fern. Seine Gegenwart schafft Raum für unsere Gebete.

Gib deine Sorgen her. „Sagt Gott, was ihr braucht, und dankt ihm“ (Vers 6). Verdränge deine Sorgen nicht. Tu nicht so, als gäbe es sie nicht. Sprich sie aus, sei ehrlich, und gib sie dann an deinen himmlischen Vater ab.

Erinnere dich an die guten Dinge. „Konzentriert euch auf das, was wahr und anständig und gerecht ist. Denkt über das nach, was rein und liebenswert und bewunderungswürdig ist, über Dinge, die Auszeichnung und Lob verdienen“ (Vers 8). Unsere Gedanken haben Macht. Sie können entweder auf die Angst gerichtet sein oder auf das Gute. Was davon wird dir wohl deine Sorgen nehmen? Paulus spricht hier von Dingen, die Ärzte und Therapeuten erst Hunderte von Jahren später entdecken würden: dass wir unsere Denkmuster verändern können, indem wir bewusst an positive Dinge denken.

Reden. Unterbreiten. Hergeben. Erinnern. Oder mit anderen Worten: R.U.H.E.

Weil Gott dir helfen will, wirst du heute Nacht besser schlafen und morgen mehr lächeln.

Könntest du etwas Ruhe gebrauchen? Wenn ja, stehst du damit nicht allein. Das E-Book, in dem am meisten Markierungen gemacht werden, ist die Bibel. Und Philipper 4,6–7 ist die am häufigsten markierte Stelle.[9] Offenbar können wir alle ein Wort des Trostes gebrauchen. Und Gott ist gern bereit, es uns zuzusprechen.

Weil Gott dir helfen will, wirst du heute Nacht besser schlafen und morgen mehr lächeln. Das wird etwas Übung erfordern. Ich möchte bestimmt nicht den Eindruck erwecken, dass man die Sorgen einfach mit ein paar aufmunternden Worten wegwischen kann. Vielmehr wird Gott einige Menschen durch eine Therapie und/oder Medikamente heilen. Falls das bei dir der Fall sein sollte, dann glaube bitte auch nicht einen Moment lang, dass du ein Himmelsbürger zweiter Klasse wärst. Bitte Gott, dich zu einem qualifizierten Berater oder Arzt zu führen, der die Behandlung anbietet, die du benötigst. In der Bibel ist R.U.H.E. ein einfaches Konzept, mit dem du jetzt gleich loslegen kannst.

So viel ist sicher: Es ist nicht Gottes Wille, dass Sorgen dein ständiger Begleiter sind. Es ist nicht sein Wille, dass du jedem Tag mit Angst und Bangen entgegentrittst. Er hat dich zu mehr erschaffen als zu einem Leben mit erstickenden Angstgefühlen und hirnzermarternder Sorge. Er will ein neues Kapitel in deinem Leben aufschlagen. Und er ist bereit, es zu schreiben.

Zum Nachdenken

Nimm dir Zeit, um über das Gelesene nachzudenken, und halte hier deine Gedanken und Antworten auf die folgenden Fragen fest.

1. Was bereitet dir heute am meisten Sorgen? Beschreibe die Situation und wie du dich dabei fühlst. Was geht dir dabei durch den Kopf? Welche Auswirkung hat das auf deinen Alltag?

2. Paulus gibt uns in Philipper 4,4–8 vier Anweisungen: 1. Rede voll Freude von Gottes Güte. 2. Unterbreite Gott deine Probleme. 3. Gib deine Sorgen her. 4. Erinnere dich an die guten Dinge. Welche dieser vier Anweisungen praktizierst du am häufigsten und welche am seltensten? Was könnte der Grund dafür sein?

3. Gehen wir das R.U.H.E.-Konzept doch einmal in Bezug auf die Situation durch, die du dir bei Punkt 1 notiert hast.

Rede voll Freude von Gottes Güte. Nimm dir ein wenig Zeit, um die Eigenschaften Gottes aufzuschreiben, die du schon erlebt hast. Beschreibe eine Situation, in der er dir seine Treue gezeigt hat.

....

....

....

....

....

....

....

....

....

....

....

....

....

....

....

....

....

....

....

Unterbreite Gott deine Probleme. Was brauchst du momentan von Gott? Was würde dich von deiner Angst und den Sorgen befreien?

....

....

....

....

....

....

....

....

....

....

Gib deine Sorgen her. Schreibe alles auf, was dir noch durch den Kopf geht. Dann überlass Gott die Liste, und bitte ihn, dir diese Lasten abzunehmen.

....

....

....

....

....

....

....

Erinnere dich an die guten Dinge. Denke über Dinge nach wie Gottes Güte, die Schönheit der Schöpfung, dein Lieblingskunstwerk oder anderes – irgendetwas, bei dem du dich gut fühlst. Halte hier deine Gedanken dazu fest.

Gottes Botschaft für dich

Lass dich von diesen Bibelversen daran erinnern, dass Gott dir helfen will, wenn du dir Sorgen machst.

*Sorgt euch um nichts, sondern betet um alles.
Sagt Gott, was ihr braucht, und dankt ihm.
Ihr werdet Gottes Frieden erfahren, der größer
ist, als unser menschlicher Verstand es je
begreifen kann. Sein Friede wird eure Herzen
und Gedanken im Glauben an Jesus Christus
bewahren. Und nun, liebe Freunde, lasst mich
zum Schluss noch etwas sagen: Konzentriert euch
auf das, was wahr und anständig und gerecht ist.
Denkt über das nach, was rein und liebenswert
und bewunderungswürdig ist, über Dinge, die
Auszeichnung und Lob verdienen.*

Philipper 4,6–8

Gottes Friede ist anders als der vergängliche Friede dieser Welt. Er übersteigt alles Denken.

Ich habe euch das alles gesagt, damit ihr in mir Frieden habt. Hier auf der Erde werdet ihr viel Schweres erleben. Aber habt Mut, denn ich habe die Welt überwunden.

Johannes 16,33

Jesus sagt: „Habt Mut." Er sagt nicht, dass wir die Realität ignorieren oder leugnen sollen. Wir dürfen ihr mit dem Mut begegnen, den er uns schenken will.

Der Herr hört sein Volk, wenn es ihn um Hilfe anfleht, und rettet es aus aller Not. Der Herr ist allen nahe, die verzweifelt sind; er rettet die, die den Mut verloren haben.

Psalm 34,18-19

Gott ist dir nah, wenn du verzweifelt bist. Er ist dir nicht böse und auch nicht enttäuscht von dir; er ist dir einfach nur nah.

Lies das folgende Gebet leise oder laut. Sitze dann anschließend noch ein bisschen in der Stille und lausche auf Gottes leise Stimme.

Gott, ich mache mir oft um Dinge Sorgen, die ich nicht in der Hand habe. Manchmal zweifle ich daran, dass du etwas ändern kannst, und frage mich, ob ich dir wichtig bin. Ich weiß, was in deinem Wort steht: Ich soll mich um nichts sorgen und alle meine Sorgen an dich abgeben, aber dafür brauche ich deine Hilfe. Hilf mir loszulassen, hilf mir zu glauben, hilf mir, daran festzuhalten, dass du trotz meiner Umstände gut bist. Stärke meinen Glauben, auch wenn ich mir Sorgen mache. Hilf, dass dieser Kampf unsere Beziehung noch vertieft. Danke dafür, dass du mich nie im Stich lässt. Erinnere mich an die Gelegenheiten, bei denen du mir in der Vergangenheit treu warst, damit ich mich daran festhalten kann, wenn ich schwere Zeiten durchmache und viele Sorgen habe. Amen.

Kapitel 2

Gott will dir helfen, deine Probleme zu lösen

Hattest du schon mal das Gefühl, dass dir alles über den Kopf wächst? Kennst du diese lähmende Angst, die einen packt, wenn man völlig überfordert ist? Von all den Informationen, den Veränderungen und Entscheidungen? Wenn der Schmerz so groß ist, dass man ihn einfach nicht mehr ertragen, der Berg so hoch, dass man ihn einfach nicht mehr bewältigen kann. Es passiert schnell, dass das eigene Leben von einem einzigen Problem beherrscht wird oder auch von vielen. Wie soll man es lösen? Wie wieder aus dieser Sache herauskommen? Wie das Problem überhaupt vermeiden? Da wir das nicht wissen, machen wir uns Sorgen, haben Angst und sind nur mit einem beschäftigt: eine Lösung oder einen Ausweg zu finden.

Genau diese Erfahrung haben auch die Jünger an einem Frühlingstag auf einem Berg in Galiläa gemacht.

Danach ging Jesus auf die andere Seite des galiläischen Meeres, das auch als See von Tiberias bekannt ist. Eine große Menschenmenge folgte ihm, weil sie seine Wunder sahen, mit denen er die Kranken heilte. Jesus stieg in die Berge hinauf und lagerte dort mit seinen Jüngern. Es war kurz vor dem jährlichen Passahfest, das die Juden feiern.

Johannes 6,1–4

Für die Juden war das Passahfest ein Fest der Möglichkeiten, eine glückliche Erinnerung an den Auszug aus Ägypten und die Befreiung aus der Sklaverei. Das Fest machte Lust auf eine Wiederholung dieser Erfahrung. Würde der Wunder vollbringende Nazarener sie ein weiteres Mal befreien? Mose hatte die Israeliten damals ins verheißene Land geführt – würde Jesus für sie das Gleiche tun? Sie hofften es jedenfalls. Sie hatten die Wunder miterlebt, die er vollbrachte. Sie wussten von den Heilungen und sie kannten seine Lehren. Also folgten sie ihm, während er um den See Genezareth herumzog.

Würde der Wunder vollbringende Nazarener sie ein weiteres Mal befreien?

Irgendwann merkte Jesus, dass die Menge hungrig wurde. Die Menschen hatten nichts zu essen in ihren Beuteln. Es gab auch keine Imbissstände oder Geschäfte, in denen sie sich etwas hätten kaufen können. Diese 15 000 oder mehr Menschen (5000 Männer plus Frauen und Kinder) hatten Hunger.

Als Jesus seinen Blick hob, sah er eine große Menschenmenge auf der Suche nach ihm die Berge heraufkommen. Er wandte sich an Philippus und fragte: „Philippus, wo können wir so viel Brot kaufen, dass all diese Menschen zu essen bekommen?" Er stellte Philippus jedoch nur auf die Probe, denn er wusste schon, was er tun würde. Philippus antwortete: „Es würde ein kleines Vermögen kosten, sie mit Nahrung zu versorgen!" Ein anderer Jünger, Andreas, der Bruder von Simon Petrus, meldete sich zu Wort: „Hier ist ein kleiner Junge mit fünf Gerstenbroten und zwei Fischen. Doch was nützt uns das bei so vielen Menschen?"

Verse 5–9

In diesen Versen wird dreimal erwähnt, dass hier viele Menschen zusammengekommen waren:

1. Zunächst im Rahmen einer schlichten Beschreibung: „Als Jesus seinen Blick hob, sah er *eine große Menschenmenge*" (Vers 5).
2. Dann in der Frage von Jesus: „Wo können wir so viel Brot kaufen, dass *all diese Menschen* zu essen bekommen?" (Vers 5).
3. Dann im Rahmen von Andreas' Idee, das Essen des Jungen zu verwenden, und in seinem eigenen Einwand: „Doch was nützt uns das bei *so vielen Menschen?*" (Vers 9).

Jesus sah „eine große Menschenmenge". Dann erkundigte er sich, wie „all diese Menschen" zu essen bekommen sollten. Philippus hatte angesichts ihrer begrenzten Ressourcen keine Idee, wie sie das bewerkstelligen sollten. Andreas hatte eine Idee, verwarf aber seinen Vorschlag in Anbetracht der „vielen Menschen".

Was ist deine persönliche Version von „all diese Menschen"?

Vielleicht etwas ganz Unspektakuläres wie „all diese Windeln", „all diese Hausarbeit" oder „all diese langen Arbeitstage". Vielleicht ist es aber auch etwas richtig Schlimmes wie „all diese Dialysesitzungen", „all diese depressiven Gedanken" oder „all diese Rechnungen".

Was auch immer es ist: Du brauchst mehr, als du hast, und fühlst dich hoffnungslos (wie Philippus) und überfordert (wie Andreas). Man würde ja annehmen, dass die Jünger ein bisschen mehr Glauben gehabt hätten. Schließlich hatten sie erlebt, dass Wasser in Wein verwandelt wurde oder ein Lahmer wieder gehen konnte. Deshalb hätten wir an dieser Stelle gern etwas mehr Mumm gesehen, mehr Mut, nach dem Motto: „Wir können es nicht, aber du schon, Jesus!" Doch Philippus und Andreas und all die anderen, die sich nicht zu dieser Situation äußerten, hatten keinen Schimmer. Sie zählten die hungrigen Menschen, das Geld in ihren Taschen und die vorhandene Menge an Brot und Fisch. Wen sie aber nicht in ihre Kalkulation einbezogen, war Jesus.

Dabei stand er direkt neben ihnen! Näher hätte er ihnen wohl kaum sein können. Sie konnten ihn sehen, hören, anfassen, vielleicht sogar riechen. Trotzdem kamen sie nicht auf die Idee, ihn um Hilfe zu bitten. Nichtsdestotrotz schritt Jesus sofort zur Tat.

„Sagt den Leuten, sie sollen sich hinsetzen", befahl Jesus. Da ließen sich alle – allein die Männer zählten schon fünftausend – auf den grasbewachsenen Hängen nieder. Dann nahm Jesus die Brote, dankte Gott und reichte sie den Menschen, wie viel sie auch wollten. Ebenso machte er es mit den Fischen. Und alle aßen, bis sie satt waren. „Sammelt die Reste wieder ein", wies Jesus seine Jünger an, „damit nichts umkommt." Am Anfang waren es nur fünf Gerstenbrote gewesen, doch nach dem Essen wurden zwölf Körbe mit den Brotresten gefüllt, die übrig geblieben waren!

Johannes 6,10–13

Die unmögliche Herausforderung, „all diese Menschen" satt zu bekommen, wurde zu dem unvergesslichen Wunder, dass all diese Menschen satt wurden. Was wir nicht tun können, das kann Jesus tun!

Die Probleme, mit denen wir konfrontiert werden, eröffnen Jesus die Möglichkeit, genau das unter Beweis zu stellen.

Die Probleme, mit denen wir konfrontiert werden, eröffnen Jesus die Möglichkeit, unter Beweis zu stellen, was er zu tun vermag.

Wenn Probleme für dich bloß ärgerliche und schmerzhafte Erfahrungen sind, wirst du wahrscheinlich verbittert und wütend werden. Doch wenn du erkennst, dass deine Schwierigkeiten dir die Möglichkeit eröffnen, Gott zu vertrauen und daran zu glauben, dass er das Wenige vermehren kann, das du ihm zur Verfügung stellst, bekommen auch die kleinsten Vorfälle plötzlich Gewicht. Sind deine Probleme so gravierend wie die Herausforderung, vor der die Jünger damals standen: 15 000 hungrige Menschen satt zu machen? Bevor du dein „Geld", dein „Brot" und deine „Fische" zählst und aufgibst, schau auf denjenigen, der neben dir steht! Verlass dich auf Jesus. Er kann dir helfen, das Unmögliche zu schaffen. Du musst ihm nur das zur Verfügung stellen, was du hast, und darfst dann zusehen, wie er Wunder vollbringt.

„Jesus nahm die Brote" (Johannes 6,11). Das hätte er gar nicht tun müssen. Er hätte auch die umstehenden Büsche in Obstbäume verwandeln können. Er hätte Unmengen von Fischen aus dem See Genezareth herausrufen können. Als die Israeliten die Wüste durchquerten, ließ Gott Manna vom Himmel fallen. Nun griff er auf das zurück, was im Korb des kleinen Jungen lag.

Was liegt in deinem „Korb"?

Du hast nur ein halbherziges Gebet? Gib es ihm. Deine Fähigkeiten sind begrenzt? Nutze sie. Du hast nichts als eine Entschuldigung anzubieten? Dann sprich sie aus. Deine Kraft reicht nur noch für einen weiteren Schritt? Geh ihn. Wir müssen Jesus gar nicht erst sagen, dass unsere „Gabe" zu klein ist. Gott kann auch aus kleinen Dingen etwas Großes bewirken. Gott benutzte das Wimmern des kleinen Mose, um das Herz der Tochter des Pharaos zu erweichen. Er nutzte das schlechte Gedächtnis eines ehemaligen Häftlings, um Josef aus dem Gefängnis zu befreien und ihn in den Palast zu bringen. Er benutzte Davids Stein und Schleuder, um den großen Goliath zu Fall zu bringen. Er benutzte drei Nägel und ein einfaches Kreuz, um die Menschheit zu erlösen.[1] Wenn Gott einen Korb mit Essen in ein Festmahl verwandeln kann und sogar noch Reste übrig bleiben, denkst du nicht, dass er dann auch mit dem Bisschen etwas tun kann, das du ihm anvertraust – selbst wenn dein Glaube nicht größer ist als fünf Brote und zwei Fische?

Wenn wir mit einem Problem konfrontiert sind, fällt es uns oft schwer, einen Ausweg zu sehen. Wenn unsere Mittel begrenzt sind, können wir uns kaum vorstellen, mit dem zurechtzukommen, was wir haben. Aber Gott steht über all dem. Er sieht schon, wie die Sache ausgehen wird. Er weiß schon, wie er dein Problem lösen wird. Und Gott stehen unendliche Mittel zur Verfügung. Zu wenig Geld, ein zu voller Kalender oder ein unmöglicher Chef sind für ihn kein Hindernis. Er ist der, der immer einen Weg bahnt. Du musst deine Probleme nicht selbst lösen, das erwartet Gott gar nicht von dir. Du bist ein Mensch. Er ist Gott. Lass zu, dass er eingreift.

Erinnere dich daran, wer neben dir steht, wenn Hoffnung das nächste Mal Mangelware ist. Du bist nicht allein. Du bist nicht hilflos. Was dich aus dem Gleichgewicht bringt, kann ihn nicht erschüttern. Wenn dir der Wind ins Gesicht bläst, hat er Rückenwind. Er steht deinem Problem nicht ratlos gegenüber. Wenn du mit einer Bitte zu ihm kommst, wird er sich nie an einen Engel wenden und sagen: „Jetzt ist es doch passiert. Jemand hat mir ein Rätsel gestellt, das ich nicht lösen kann. Die Anforderung ist zu groß, selbst für mich."

Du fühlst dich von einer Herausforderung vielleicht überfordert. Er nicht. Stell ihm das zur Verfügung, was du hast, danke ihm, und schau zu, wie er sich der Sache annimmt.

Zum Nachdenken

Nimm dir etwas Zeit, um über das Gelesene nachzudenken, und halte hier deine Gedanken und Antworten zu den Anregungen und Fragen auf:

1. Mit welchem Problem bist du gerade konfrontiert?

....

....

....

....

....

....

Welche Mittel stehen dir zur Lösung des Problems zur Verfügung?

....

....

....

....

....

....

....

....

....

Was fehlt dir?

....

....

....

....

....

2. Hast du Gott in dieser Sache schon um Hilfe gebeten? Warum oder warum nicht?

....

....

....

....

....

3. Lies Johannes 6,1–13 noch einmal. Unterstreiche alles, was Jesus in diesem Abschnitt getan und gesagt hat. Was davon sticht für dich am meisten hervor?

....

....

....

....

....

....

4. Wenn Jesus jetzt neben dir sitzen würde: Was würdest du ihm im Hinblick auf dein Problem erzählen? Wie würdest du ihn um das bitten, was du brauchst?

....

....

....

....

....

5. Erstelle eine Liste all der Dinge, die du brauchst, um dein Problem zu lösen.

....

....

....

....

....

Glaubst du, dass Gott dir diese Dinge geben kann? Warum glaubst du das oder warum nicht?

....

....

....

....

....

Gottes Botschaft für dich

Die folgenden Bibelstellen sollen dich daran erinnern, dass Gott dir helfen will, deine Probleme zu lösen.

Vertraue von ganzem Herzen auf den Herrn und verlass dich nicht auf deinen Verstand. Denke an ihn, was immer du tust, dann wird er dir den richtigen Weg zeigen.

Sprüche 3,5–6

Du weißt vielleicht nicht, welches der richtige Weg ist, aber Gott schon. Vertrau ihm doch die Führung an.

… doch die, die auf den Herrn warten, gewinnen neue Kraft. Sie schwingen sich nach oben wie die Adler. Sie laufen schnell, ohne zu ermüden. Sie gehen und werden nicht matt.

Jesaja 40,31

Nicht gleich etwas zu tun, sondern abzuwarten, erscheint dir vielleicht unmöglich. Aber du kannst in dieser Zeit des Wartens auch neue Kraft bekommen.

Durch die mächtige Kraft, die in uns wirkt, kann Gott unendlich viel mehr tun, als wir je bitten oder auch nur hoffen würden. Ihm gehört alle Ehre in der Gemeinde und durch Christus Jesus für alle Zeit und Ewigkeit. Amen.

Epheser 3,20–21

Gott kann nicht nur genau das tun, worum wir ihn bitten, oder bloß ein bisschen weniger oder ein bisschen mehr. Er kann *unendlich viel mehr* tun, als wir uns je erbitten oder auch nur vorstellen können!

Ihr Eltern – wenn euch eure Kinder um ein Stück Brot bitten, gebt ihr ihnen dann stattdessen einen Stein? Oder wenn sie euch um einen Fisch bitten, gebt ihr ihnen eine Schlange? Natürlich nicht! Wenn ihr, die ihr Sünder seid, wisst, wie man seinen Kindern Gutes tut, wie viel mehr wird euer Vater im Himmel denen, die ihn darum bitten, Gutes tun.

Matthäus 7,9–11

Genauso wenig, wie du deinem Kind Essen und Trinken verweigern würdest, wird auch dein himmlischer Vater dir das, was du brauchst, nicht verweigern.

Lies das folgende Gebet leise oder laut. Sitze dann anschließend noch ein bisschen in der Stille und lausche auf Gottes leise Stimme.

Herr, ich lobe dich dafür, wie du bist und wie du dich in meinem Leben zeigst. Du bist treu, gut und wahrhaftig. Du sorgst für deine Kinder. Du kümmerst dich auch um die Kleinigkeiten in unserem Leben. Du bist nicht weit weg, sondern uns ganz nah. Sei bitte heute auch bei meinen Problemen an meiner Seite. Ich kann sie nicht selbst lösen. Mir fehlt das nötige Geld, und ich habe auch weder Zeit noch Geduld und weiß nicht, was ich tun soll. Schenke mir in jedem Augenblick meines Lebens, was ich gerade brauche – eben mein tägliches Brot. Sorge auf eine Weise für mich, wie ich mir das nicht einmal vorstellen kann. Ich weiß, dass ich nicht viel zu geben habe, außer einem offenen Herzen, meinem Vertrauen in dich und Hoffnung. Ich will dich jetzt bitten, unendlich viel mehr zu tun, als ich mir je erbitten oder auch nur vorstellen könnte. Danke, dass du mich durch diesen Tag hindurchträgst und auch durch die Tage, die noch kommen. Amen.

Kapitel 3

Gott will dir helfen, deine Ängste zu bewältigen

Was Seen angeht, so gehört der See Genezareth eher zu den kleinen – er ist nur 21 Kilometer lang und 12 breit – und ausgesprochen launisch. Seine geringe Größe macht ihn umso anfälliger für die stürmischen Winde, die von den Golanhöhen herabwehen. Da sie schnell die Richtung ändern, wühlen sie den See auf wie ein riesiger Mixer. Im Winter kommt etwa jede zweite Woche ein solcher Sturm auf, der das Wasser manchmal zwei bis drei Tage lang aufwühlt.[1]

Als Petrus und ein paar der anderen Jünger über den See Genezareth segelten, gerieten sie in ernsthafte Schwierigkeiten. „Das Boot war nun schon viele hundert Meter vom Ufer entfernt. Es wurde von den Wellen immer stärker hin und her geworfen, weil ein starker Gegenwind aufgekommen war" (Matthäus 14,24; Das Buch).

Eine gemütliche einstündige Bootsfahrt verwandelte sich in einen Kampf, der die ganze Nacht dauerte. Das Boot wurde von den Wellen hin und her geworfen wie ein Lenkdrache im stürmischen Herbstwind. Die Sonne hatten sie schon lange nicht mehr gesehen. Es goss in Strömen. Blitze zuckten durch die pechschwarze Nacht und erleuchteten den Himmel. Der Wind riss am Segel. Das Boot mit den Jüngern war schon mitten auf dem See und „wurde von den Wellen immer stärker hin und her geworfen". Deckt sich diese Beschreibung vielleicht mit dem, was du gerade durchmachst? Vielleicht müssen wir bloß ein paar Wörter austauschen:

… mitten in einer Scheidung und von Schuldgefühlen hin und her geworfen.

… mitten in Schulden und von Gläubigern hin und her geworfen.

… mitten in einer Wirtschaftskrise und von Konjunkturpaketen und Bürgschaften hin und her geworfen.

Nass bis auf die Haut, kämpften die Jünger neun eisige Stunden gegen den Sturm an. Und gegen vier Uhr morgens geschah das Undenkbare: Sie sahen, wie jemand auf dem Wasser auf sie zukam. „Sie glaubten, es wäre ein Gespenst, und schrien vor Angst auf" (Vers 26; Das Buch).

Sie hatten nicht damit gerechnet, dass Jesus so zu ihnen kommen würde.

Und wir rechnen auch nicht damit. Wir erwarten, dass er in schönen Kirchenliedern oder Gottesdiensten oder Zeiten der Stille zu uns kommt. Wir rechnen mit ihm in unserer morgendlichen Andacht, unseren Gemeindeveranstaltungen und unseren Gebetszeiten. Wir würden niemals bei einem Börsencrash, in einer Kündigung, einem Gerichtsverfahren, bei einer Zwangsvollstreckung oder im Krieg mit ihm rechnen. Wir erwarten ihn nicht im Sturm. Aber gerade im Sturm zeigt er sich, denn dann hat er unsere volle Aufmerksamkeit.

Jesu Reaktion auf die Angst der Jünger ist es wert, in jeden Torbogen an jeder Kirche und jedem Haus gemeißelt zu werden. „Fasst wieder Mut! Denn ich bin es doch! Ihr braucht keine Angst zu haben!" (Vers 27; Das Buch).

Wir erwarten Jesus nicht im Sturm.

Diese Worte schenken Kraft. Wenn man auf der Intensivstation aufwacht und der Partner sagt: „Ich bin da." Wenn man die Rücklagen fürs Alter verloren hat, aber die Familie einem unter die Arme greift und sagt: „Wir sind da." Wenn der kleine F-Jugend-Fußballer die Eltern am Rand des Spielfelds entdeckt und weiß: Sie sind da. Vielleicht wiederholt Gott deshalb die „Ich bin da"-Botschaft so oft.

- Der Herr ist nahe (Philipper 4,5; EÜ).
- … werdet ihr wissen, dass ich in meinem Vater bin und ihr in mir seid und ich in euch (Johannes 14,20).
- Und ich versichere euch: Ich bin immer bei euch bis ans Ende der Zeit (Matthäus 28,20).
- Ich schenke ihnen das ewige Leben, und sie werden niemals umkommen (Johannes 10,28).
- Nichts kann uns von seiner Liebe trennen. Weder Tod noch Leben, weder Engel noch Mächte, weder unsere Ängste in der Gegenwart noch unsere Sorgen um die Zukunft, ja nicht einmal die Mächte der Hölle können uns von der Liebe Gottes trennen (Römer 8,38).

Wir können nirgends hingehen, wo Gott nicht schon ist. Schau mal über die Schulter, dann siehst du, dass Gott dir folgt. Blick dich im Sturm um: Jesus kommt zu dir.

Man muss Petrus zugutehalten, dass er Jesus beim Wort nahm: „‚Herr, wenn du es wirklich bist, befiehl mir, auf dem Wasser zu dir zu kommen.' ‚Dann komm', sagte Jesus. Und Petrus stieg aus dem Boot und ging über das Wasser, Jesus entgegen" (Matthäus 14,28–29).

Wenn die See ruhig gewesen wäre, hätte Petrus diese Bitte vermutlich niemals vorgebracht. Wäre Jesus auf einem spiegelglatten See daherspaziert gekommen, hätte Petrus zwar Beifall geklatscht, aber ich bezweifle, dass er aus dem Boot gestiegen wäre. Stürmische Zeiten veranlassen uns zu nie da gewesenen Schritten. Einige historische Augenblicke und schockierende Momente lang wagte Petrus das Unmögliche. Er setzte sich über alle Naturgesetze hinweg und überwand die Schwerkraft. Er „ging über das Wasser, Jesus entgegen".

Meine Verleger hätten mir eine so knappe Formulierung nie durchgehen lassen. Sie hätten den Rand des Manuskriptes mit Rotstift vollgekritzelt: „Exakter! Wie schnell stieg Petrus aus dem Boot? Was taten die anderen Jünger? Beschreibe seinen Gesichtsausdruck. Ist er auf einen Fisch getreten?"

Stürmische Zeiten veranlassen uns zu nie da gewesenen Schritten.

Matthäus blieb keine Zeit für derlei Fragen. Er kam gleich auf die wichtigste Botschaft dieses Ereignisses zu sprechen: wohin wir im Sturm den Blick richten sollen. „Als [Petrus] sich aber umsah und die hohen Wellen erblickte, bekam er Angst und begann zu versinken. ‚Herr, rette mich!‘, schrie er“ (Vers 30).

Eine Wand aus Wasser versperrte ihm die Sicht. Eine Sturmböe knickte den Mast des Bootes ab, als wäre dieser ein Streichholz. Ein heller Blitz erleuchtete den See oder besser gesagt das Gebirge aus Wasser, in das dieser sich verwandelt hatte. Petrus löste seine Aufmerksamkeit von Jesus und richtete sie stattdessen auf die Brecher – und in diesem Augenblick versank er wie ein Stein. Wenn wir dem Sturm mehr Aufmerksamkeit schenken als demjenigen, der ihn stillen kann, wird uns das Gleiche passieren.

Ob wir in einen Sturm geraten oder nicht, haben wir nicht in der Hand. Aber worauf wir unseren Blick im Sturm richten, das sehr wohl.

Ich habe das erlebt, als ich im Sprechzimmer meines Kardiologen saß. Mein Herz schlug unregelmäßig. Es raste und hämmerte gleichzeitig im Rhythmus eines Morsecodes. Also suchte ich einen Herzspezialisten auf. Nachdem er mir einige Fragen gestellt und die Untersuchungsergebnisse studiert hatte, nickte der Arzt vielsagend und bat mich, in seinem Sprechzimmer auf ihn zu warten.

Schon als Kind mochte ich es gar nicht, wenn ich in das Büro des Schulleiters zitiert wurde. Und ich mag es auch nicht, als Patient ins Sprechzimmer des Arztes gerufen zu werden. Aber ich ging hinein, setzte mich und bemerkte gleich die zahlreichen Urkunden und Diplome an der Wand. Sie hingen überall und stammten von unterschiedlichen Einrichtungen: eine Urkunde von der Uni. Eine weitere aus seinem Anerkennungsjahr.

Je länger ich seine Auszeichnungen studierte, desto wohler fühlte ich mich. *Hier bin ich in guten Händen.* Als ich mich entspannt im Stuhl zurücklehnte, kam die Schwester herein und reichte mir ein Blatt Papier. „Der Doktor kommt gleich", erklärte sie. „Inzwischen sollen Sie sich das schon einmal durchlesen. Es beschreibt Ihre Herzerkrankung."

Ich richtete meine Aufmerksamkeit auf die Unterlagen und wandte den Blick von seinen Auszeichnungen ab. Als ich zu lesen begann, blies mir der Wind ganz schön entgegen. So hässliche Worte wie „Herzflimmern", „Herzrhythmusstörung", „embolischer Infarkt" und „Blutgerinnsel" ließen mich in meinem ganz persönlichen See Genezareth versinken.

Was war aus meinem inneren Frieden geworden? Noch vor wenigen Augenblicken war es mir viel besser gegangen. Also änderte ich meine Strategie. Diagnose gegen Diplome. Nach jedem Abschnitt mit schlechten Nachrichten sah ich wieder auf die Wand mit all den guten Nachrichten.

Und Gott möchte, dass wir genau das tun.

Wenn er uns auffordert, mutig zu sein, meint er damit nicht, dass wir naiv oder ahnungslos sein sollen. Wir sollen unsere Augen nicht vor den überwältigenden Herausforderungen verschließen, vor die das Leben uns stellt, sondern wir sollen ihnen begegnen, indem wir uns Gottes „Leistungen" genau anschauen: „Deshalb müssen wir sorgfältig auf das achten, was wir gehört haben, damit wir das Ziel nicht verfehlen" (Hebräer 2,1). Tu alles, um den Blick nicht von Jesus abzuwenden.

Und so war es auch bei Petrus: Nachdem er einige Sekunden panisch um sich geschlagen hatte, wandte er sich wieder an Jesus: „'Herr, rette mich!', schrie er. Sofort streckte Jesus ihm die Hand hin und hielt ihn fest. ‚Du hast nicht viel Glauben', sagte Jesus. ‚Warum hast du gezweifelt?' Als sie schließlich zurück ins Boot stiegen, legte sich der Wind" (Matthäus 14,30–32).

Tu alles, um den Blick nicht von Jesus abzuwenden.

Jesus hätte den Sturm schon vor Stunden stillen können. Aber er tat es nicht. Er wollte seine Jünger etwas lehren. Jesus hätte auch deinen Sturm schon lange stillen können. Aber er hat es nicht getan. Will er vielleicht auch dich etwas lehren? Könnte die Lektion in etwa so lauten: „Was den Sturm angeht, hast du keine Wahl, was deine Ängste anbelangt, schon"?

Gott hat seine „Diplome" auf der ganzen Welt aufgehängt: Regenbögen, Sonnenuntergänge, wunderbare Ausblicke, der Sternenhimmel. Und er hat seine „Leistungen" in der Bibel festgehalten. Hier sprechen wir nicht von Diplomen und Auszeichnungen. In seinem Lebenslauf stehen Dinge wie die Teilung des Roten Meeres, das Verschließen von Löwenmäulern, die Vernichtung von Goliath, die Auferstehung von Lazarus, das Stillen von Stürmen und das Gehen auf dem Wasser.

Was er uns damit lehren will, ist klar: Er hat die Macht über alle Stürme. Steckst du auch gerade in einem Sturm und fürchtest dich? Schau auf ihn.

Zum Nachdenken

Nimm dir Zeit, um über das Gelesene nachzudenken, und halte hier deine Gedanken und Antworten auf die folgenden Fragen fest.

1. Worauf richtest du in den stürmischen Zeiten deines Lebens normalerweise den Blick? Auf Gott, auf andere, auf einen Bewältigungsmechanismus? Warum ziehen diese Dinge deinen Blick auf sich?

....

....

....

....

....

2. Stell dir mal vor, wie es wäre, in dieser Geschichte einer der Jünger zu sein, dort in dem Boot mitten auf dem See Genezareth im Sturm. Wie fühlst du dich bei dieser Vorstellung? Welche Gedanken gehen dir durch den Kopf?

....

....

....

....

....

Und jetzt stell dir vor, wie es wäre, wenn Jesus plötzlich mitten in deiner Angst und Ungewissheit dort im Boot auftauchen würde. Was würde das an deinen Gedanken und Gefühlen ändern?

....

....

....

....

....

....

....

....

....

3. Denke über einen Sturm in deinem Leben nach, den du gerade erlebst. Welche Ängste treiben dich um? Halte sie hier fest.

....

....

....

....

....

....

....

....

4. Welche „Diplome“ qualifizieren Gott dazu, dir diese Ängste zu nehmen (zum Beispiel Kraft, Vergebung oder Liebe)?

....

....

....

....

....

Gottes Botschaft für dich

Diese Bibelstellen sollen dich daran erinnern, dass Gott dir helfen will, deine Ängste zu bewältigen.

Ich sage dir: Sei stark und mutig! Hab keine Angst und verzweifle nicht. Denn ich, der Herr, dein Gott, bin bei dir, wohin du auch gehst.

Josua 1,9

Gott nimmt uns nicht nur unsere Angst – er ersetzt sie durch Stärke und Mut.

Doch nun spricht der Herr, der dich, Jakob, geschaffen hat und der dich, Israel, gebildet hat: „Hab keine Angst, ich habe dich erlöst. Ich habe dich bei deinem Namen gerufen; du gehörst mir. Wenn du durch Wasser gehst, werde ich bei dir sein. Ströme sollen dich nicht überfluten! Wenn du durch Feuer gehst, wirst du nicht verbrennen; die Flammen werden dich nicht verzehren! Denn ich bin der Herr, dein Gott, der Heilige Israels, dein Heiland."

Jesaja 43,1–3

Gott hat dich bei deinem Namen gerufen und du gehörst zu ihm. Lass dich von dieser guten Nachricht trösten.

Ich lasse euch ein Geschenk zurück – meinen Frieden. Und der Friede, den ich schenke, ist nicht wie der Friede, den die Welt gibt. Deshalb sorgt euch nicht und habt keine Angst.

Johannes 14,27

Das verspricht Jesus dir. Nimm doch das Geschenk seines Friedens an, das er dir anbietet.

Und unsere Liebe kennt keine Angst, weil die vollkommene Liebe alle Angst vertreibt.

1. Johannes 4,18

Gott ist nicht derjenige, der dir diese Ängste schickt. Im Gegenteil: Seine Liebe vertreibt die Angst.

Lies das folgende Gebet leise oder laut. Sitze dann anschließend noch ein bisschen in der Stille und lausche auf Gottes leise Stimme.

Danke, Gott, dass du mich heute daran erinnerst, wie mächtig du bist. Genau wie Jesus über das Wasser gegangen ist, kannst du auch heute die Stürme stillen, die in meinem Leben toben. Ich habe oft Angst, wenn es meinem Leben stürmisch wird. Ich sehe keinen Ausweg mehr. Ich fühle mich hilflos dem ausgeliefert, was ich nicht kontrollieren kann. Hilf mir, meinen Blick heute auf dich zu richten. Erinnere mich daran, wer du bist und was du tun kannst. Nimm mir meine Ängste und ersetze sie durch deinen Frieden. Bring meine sorgenvollen Gedanken zum Schweigen. Hilf mir, den Menschen in meinem Umfeld mit Liebe und Nachsicht zu begegnen und ganz gegenwärtig zu sein, was in einer schwierigen Lebensphase gar nicht so leicht ist. Lass mich jedes Mal, wenn ich Angst bekomme oder meine Gedanken nicht mehr kontrollieren kann, dieses Bild von Jesus sehen, wie er übers Wasser geht und mir seine Hand entgegenstreckt, um mich zu retten. Ich will Jesus mehr vertrauen als mir selbst, mehr als anderen, mehr als allem, worauf ich sonst in schweren Zeiten meinen Blick richte. Hilf mir, meinen Blick immer auf ihn zu richten. Amen.

Kapitel 4

Gott will dir helfen, wenn du feststeckst

Hast du schon mal in der Klemme gesessen und keinen Ausweg mehr gesehen? Du warst vielleicht zutiefst verbittert, bis über beide Ohren verschuldet, gefangen in einem Job ohne Aufstiegsmöglichkeiten, knietief im Sumpf eines unlösbaren Problems. Regelrecht gefangen. Mit Eltern, die einfach nicht zuhören, oder Mitarbeitern, die sich gegen Veränderungen stellen. Mit einem harten Chef oder einer hartnäckigen Sucht.

Festgefahren. Der Mann am Teich Bethesda benutzte den Ausdruck „festgefahren" zwar nicht, aber er hätte durchaus zu seiner Situation gepasst. 38 Jahre lag er nun schon am Ufer des Teichs. Nur er, seine Matte und sein gelähmter Körper. Und da niemand ihm half, änderte sich auch nichts an seiner Situation.

Er steckte ernsthaft, unwiderruflich und ohne jeden Zweifel fest.

Danach ging Jesus zu einem der jüdischen Feste nach Jerusalem hinauf. Innerhalb der Stadtmauern, in der Nähe des Schaftores, befindet sich ein Teich mit fünf Säulenhallen, der auf Hebräisch Bethesda genannt wird. Scharen von kranken Menschen – Blinde, Gelähmte oder Verkrüppelte – lagen in den Hallen. Einer der Männer, die dort lagen, war seit achtunddreißig Jahren krank.

Johannes 5,1–5

Es muss ein trauriger Anblick gewesen sein: Scharen von Menschen – Blinde, Gelähmte, Niedergeschlagene, Mutlose. Sie alle warteten auf ihre Chance, in den Teich zu gelangen, sobald sich das heilende Wasser bewegte.[1]

Der Teich war groß: 120 Meter lang, 50 Meter breit und 15 Meter tief.[2] Fünf Säulenhallen waren gebaut worden, um die Kranken vor der Sonne zu schützen. Wie verwundete Soldaten auf dem Schlachtfeld versammelten sich die Schwachen und Kranken am Teich.

Ähnliche Bilder sehen wir auch heute noch: unterernährte Menschen in den Flüchtlingslagern in Syrien. Unbehandelte Kranke auf den Straßen von Bangladesch. Vergessene Waisenkinder in China. Hilflose Arme, unwillkommene Einwanderer. Sie versammeln sich noch immer. Im Central Park. Im örtlichen Krankenhaus. Im Schnellimbiss an der Ecke. Aneinandergedrängte Scharen von Menschen, die verletzt sind und leiden.

Kannst du dir das vorstellen?

Aber noch wichtiger: Kannst du dir vorstellen, dass Jesus darunter ist?

Die Geschichten aus den Evangelien, die davon berichten, dass Jesus Menschen heilt und hilft, laden uns dazu ein, diese wunderbare Aussage für uns ganz persönlich in Anspruch zu nehmen: „Jesus zog durch die Städte und Dörfer der Umgebung. Er lehrte in den Synagogen und verkündete die Botschaft vom Reich Gottes. Und überall, wo er hinkam, heilte er Menschen von ihren Krankheiten und Leiden“ (Matthäus 9,35).

Jesus zog es immer wieder zu den Leidenden und an diesem Tag zog es ihn zum Teich von Bethesda. Was empfand er wohl, als er die vielen unglücklichen Menschen sah? Was dachte er, als er ihre Bitten hörte? Berührten sie sein Gewand, als er an ihnen vorüberging? Sah er ihnen ins Gesicht? Es war ein trauriger, jämmerlicher Anblick. Und doch war Jesus mitten unter ihnen.

Sein Blick fiel auf den Protagonisten dieser Wundergeschichte, auf einen Mann, der „seit achtunddreißig Jahren krank [war]. Als Jesus ihn sah und erfuhr, wie lange er schon krank war, fragte er ihn: ‚Willst du gesund werden?' ‚Herr, ich kann nicht', sagte der Kranke, ‚denn ich habe niemanden, der mich in den Teich trägt, wenn sich das Wasser bewegt. Während ich noch versuche hinzugelangen, steigt immer schon ein anderer vor mir hinein'" (Johannes 5,5–7).

Was für eine seltsame Frage. Warum will man von einem Kranken wissen, ob er gesund werden will?! Wie kommt man auf so etwas?

Ich besuche seit 1977 kranke Menschen. Im Rahmen meines ersten geistlichen Dienstes absolvierte ich ein pfarramtliches Praktikum, bei dem ich Patienten in den Krankenhäusern in St. Louis, Missouri, besuchte. Seit dieser Zeit habe ich mit Hunderten, vielleicht sogar Tausenden kranker Menschen gesprochen – in Kirchen, Krankenhäusern, Altenheimen und Hospizen. Ich habe für Migräne und die Masern gebetet. Ich habe Kranke mit Öl gesalbt und die Hände von Sterbenden gehalten. Ich habe Gebete geflüstert, Gott bestürmt, an Betten gekniet und aus der Bibel vorgelesen. Ich stand verängstigten Familien zur Seite. Aber niemals – wirklich kein einziges Mal – habe ich einen Kranken gefragt: „Willst du gesund werden?“

„Willst du gesund werden?“

Warum stellte Jesus eine solche Frage? Unser einziger Hinweis ist die erste Hälfte des Satzes: „Als Jesus ihn sah und erfuhr, wie lange er schon krank war …“ (Johannes 5,6). Ein Mann, der schon fast vier Jahrzehnte lang krank war. 38 Jahre – so lange hatten die Israeliten etwa gebraucht, um das verheißene Land zu erreichen! Aber gerade wegen dieser langen Zeitspanne stellte Jesus die Frage: „Willst du gesund werden?“

In welchem Tonfall stellte Jesus diese Frage wohl? Sprach er als der mitfühlende Hirte mit dem Mann? Fragte er mit sanfter, bewegter Stimme? Vielleicht. Aber eigentlich glaube ich das eher nicht. Die Formulierung „als Jesus … erfuhr, wie lange er schon krank war“ scheint in eine andere Richtung zu deuten, und die Antwort des Mannes überzeugt mich davon, dass ich da gar nicht so falschliege.

„Herr, ich kann nicht", sagte der Kranke, „denn ich habe niemanden, der mich in den Teich trägt, wenn sich das Wasser bewegt. Während ich noch versuche hinzugelangen, steigt immer schon ein anderer vor mir hinein."

Vers 7

Wirklich? Niemand hilft dir? Immer kommt dir jemand anderer zuvor? In 38 Jahren hast du es nicht ein einziges Mal in den Teich geschafft? Konntest du niemanden dafür gewinnen, dir zu helfen? 38 Jahre und überhaupt kein Fortschritt?

In diesem Licht betrachtet, klingt die Frage von Jesus sehr eindringlich und ernst: „Willst du gesund werden? Oder bist du vielleicht gern krank? Es läuft doch ganz gut. Mit deinem Becher sammelst du genug, um dir dein Essen zu kaufen. Gar nicht schlecht. Wenn du geheilt wirst, würde sich so einiges ändern. Wenn du gesund bist, musst du aufstehen, dir einen Job suchen und arbeiten gehen. Du müsstest dein Leben selbst in die Hand nehmen. Willst du wirklich geheilt werden?"

Wenn du gesund bist, musst du aufstehen, dir einen Job suchen und arbeiten gehen.

Diese Frage stellte Jesus dem Kranken. Und diese Frage stellt er uns allen.

Willst du von der Alkoholsucht befreit werden? Genug Geld verdienen? Eine Ausbildung machen oder ein Studium beginnen? Ein besserer Mensch werden? Möchtest du abnehmen und mehr Sport treiben? Möchtest du deine Vergangenheit hinter dir lassen? Über schlimme Kindheitserlebnisse hinwegkommen? Möchtest du stärker, gesünder, fröhlicher werden? Willst du dein „Bethesda" hinter dir lassen? Bist du bereit, den neuen Tag in Angriff zu nehmen? Einen Neuanfang zu wagen? Bist du bereit, frei zu werden?

- Genau darum geht es. Das ist das Schlüsselwort.
- Frei.
- Losgelöst.
- Befreit.
- Losgelassen.
- Freigesetzt.
- Nicht länger gebunden.
- Frei.

Wenn du keine Fortschritte machst, hast du das Gefühl festzustecken. Wenn du seit zehn Jahren mit demselben Problem kämpfst oder immer noch die gleichen Ängste hast wie vor einem Jahr. Wenn du Tag für Tag in den immer gleichen destruktiven Verhaltensmustern gefangen bist und ständig über dieselben Probleme stolperst. Wenn du dich so fühlst, als würden es alle vor dir in den Teich schaffen, und niemand will dir helfen.

Wenn das auf dich zutrifft, dann nimm dir dieses Wunder zu Herzen. Jesus sieht dich. Wie geht er mit deiner schwierigen Situation um? Andere gehen auf Abstand, aber Jesus geht auf dich zu. Er möchte dich von Grund auf erneuern. Er sagt zu dir, was er auch zu dem Mann sagte: „Steh auf, nimm deine Matte und geh!" (Vers 8).

Steh auf. Tu etwas. Werde aktiv. Schreib einen Brief. Bewirb dich für den Job. Nimm Kontakt zu einem Therapeuten auf. Hol dir Unterstützung. Übernimm Verantwortung. Steh auf.

Nimm deine Matte. Löse dich von deiner Vergangenheit. Schütte den Alkohol in deinem Schrank weg. Wirf die Schnulzenromane weg, die einen Keil zwischen dich und deinen Partner treiben. Verbring nicht länger Zeit mit den falschen Leuten. Beende eine destruktive Beziehung. Installiere einen Porno-Blocker auf deinem Handy und deinem PC. Sprich mit einem Schuldnerberater.

Und geh los. Schnüre deine Schuhe und mach dich auf den Weg. Erwarte, dass endlich gute Dinge geschehen. Fasse ein neues Ziel ins Auge und beginne die Wanderung. Bei dieser „Befreiung" geht es darum, sich für das Neue zu begeistern, das vor dir liegt.

Dieses Wunder lädt dich ein, an den Jesus zu glauben, der an dich glaubt. Jesus glaubt, dass du aufstehen, deine Sachen packen und losgehen kannst. Du bist stärker, als du glaubst. „‘Denn ich weiß genau, welche Pläne ich für euch gefasst habe‘, spricht der Herr. ‚Mein Plan ist, euch Heil zu geben und kein Leid. Ich gebe euch Zukunft und Hoffnung'" (Jeremia 29,11).

Glaube an den Jesus, der an dich glaubt.

Was wird Gott für dich tun? Ich kann es nicht sagen. Niemand, der ehrlich ist, würde je behaupten, ein Wunder vorhersagen zu können. Gottes Hilfe steht uns immer zur Verfügung – aber sie richtet sich immer auf etwas Konkretes. Es steht uns nicht zu, zu sagen, was Gott tun wird. Aber wir dürfen darauf vertrauen, dass er etwas tun wird. Und wir müssen dann nur eines tun: aufstehen, unsere Matte nehmen und losgehen.

Jesus meinte es mit dieser Aufforderung ernst. Als er den geheilten Mann im Tempel traf, sagte er zu ihm: „Du bist jetzt gesund. Nun höre auf zu sündigen, damit dir nicht noch etwas Schlimmeres widerfährt" (Johannes 5,14). Trägheit ist eine Sünde. Untätiges Nichtstun widerspricht Gottes Willen für uns.

Schluss mit Bethesda. Du musst nicht länger Tag für Tag mit der gleichen aussichtslosen Situation leben. Gott hat den Leerlauf in deinem Getriebe deaktiviert. Er ist ein Gott, der vorwärtsgeht. Ein Gott, der in die Zukunft blickt. Er ist in der Lage, mit dir ein neues Kapitel zu schreiben.

Der Mann in Johannes' Geschichte hatte 38 Jahre gewartet, aber er beschloss dann doch, die Gelegenheit zu nutzen. Er hätte sich auch drücken können. Das hätte ich zumindest erwartet. Wenn man sich seine Erklärung anhört, könnte man meinen, er hätte nicht wirklich etwas dagegen, für immer dort festzusitzen. Aber die Gegenwart von Jesus, seine Worte und seine Autorität überzeugten ihn davon, keinen Tag länger zu warten.

Folgen wir seinem Beispiel. Frag Gott: „Welche Schritte kann ich heute gehen? Was würde mich in eine bessere Zukunft führen?" Frag so lange weiter, bis du eine Antwort bekommst. Und wenn du eine bekommst, dann handle danach. Steh auf, pack deine Sachen und geh los.

Zum Nachdenken

Nimm dir Zeit, um über das Gelesene nachzudenken, und halte hier deine Gedanken und Antworten auf die folgenden Fragen fest.

1. Was geht dir im Hinblick auf die Geschichte von dem Mann am Teich von Bethesda durch den Kopf? Reibst du dich an irgendeinem Aspekt des Textes? Hast du Fragen? Hat dich irgendetwas inspiriert oder dir eine unangenehme Wahrheit vor Augen geführt?

2. In welchem Bereich deines Lebens steckst du gerade fest und warum? Wie lange geht es dir schon so damit?

Beantworte die Frage, die Jesus auch dem Mann am Teich von Bethesda gestellt hat: „Willst du gesund werden?" Warum willst du das oder warum nicht?

....

....

....

....

....

3. Denke an eine Begebenheit zurück, bei der du schon mal das Gefühl hattest festzustecken. Wie hast du dich aus dieser Situation oder Erfahrung befreit?

....

....

....

....

....

Wie könntest du diese Strategie auf die Umstände anwenden, die du unter Punkt 2 geschildert hast?

....

....

....

....

Gottes Botschaft für dich

Diese Bibelstellen sollen dich daran erinnern, dass Gott dir hilft, wenn du nicht weiterweißt.

Denkt nicht mehr daran, was war und grübelt nicht mehr über das Vergangene. Seht hin; ich mache etwas Neues; schon keimt es auf. Seht ihr es nicht? Ich bahne einen Weg durch die Wüste und lasse Flüsse in der Einöde entstehen.

Jesaja 43,18–19

Gottes Einfallsreichtum ist riesig – viel größer als unserer. Er kann aus Altem etwas ganz Neues erschaffen.

Wir [wollen] *jede Last ablegen, die uns behindert, besonders die Sünde, in die wir uns so leicht verstricken. Wir wollen den Wettlauf bis zum Ende durchhalten, für den wir bestimmt sind. Dies tun wir, indem wir unsere Augen auf Jesus gerichtet halten, von dem unser Glaube vom Anfang bis zum Ende abhängt. Er war bereit, den Tod der Schande am Kreuz zu sterben, weil er wusste, welche Freude ihn danach erwartete.*

Nun sitzt er an der rechten Seite von Gottes Thron im Himmel!

Hebräer 12,1–2

Manchmal müssen wir aktiv werden, um wieder frei zu werden. Ändere dein Verhalten, wo nötig. Bitte Gott für mögliches Fehlverhalten um Vergebung. Leg alles ab, was dich behindert, und lauf los!

Bittet, und ihr werdet erhalten. Sucht, und ihr werdet finden. Klopft an, und die Tür wird euch geöffnet werden. Denn wer bittet, wird erhalten. Wer sucht, wird finden. Und die Tür wird jedem geöffnet, der anklopft.

Matthäus 7,7–8

Willst du gesund werden? Dann bitte Gott darum.

Lies das folgende Gebet leise oder laut. Sitze dann anschließend noch ein bisschen in der Stille und lausche auf Gottes leise Stimme.

Vater, danke, dass du uns dein Wort gegeben hast, um uns auf diese Weise zu schützen, zu korrigieren und zu lehren. Ich gestehe, dass es Punkte in meinem Leben gibt, an denen ich so war wie der Mann am Teich von Bethesda. Ich wollte gar nicht geheilt werden. Ich wollte nicht, dass sich meine Situation ändert, weil ich Angst davor hatte, wie es nach der Heilung weitergehen und was das für mich und auch für meine Familie und Freunde bedeuten könnte. Vergib mir, dass ich deine Heilung abgelehnt habe, und schenke mir ein weiches Herz, um sie anzunehmen. Letzten Endes will ich nicht für immer dableiben, wo ich gerade bin, aber ich brauche Hilfe, um aus dieser Situation herauszukommen. Schenke mir die Kraft, um Hilfe zu bitten und die nötigen Schritte zu gehen. Hilf mir, dir bei diesem Prozess zu vertrauen. Stell mir Menschen zur Seite, die mich dabei begleiten, wenn ich diesen Weg gehe. Danke, dass du für mich sorgst, und vor allem, dass du mich errettet hast. Amen.

Kapitel 5

Gott will dir helfen, wenn du einsam bist

Ich beobachte gerade eine Eichhörnchenfamilie. Eigentlich sollte ich jetzt eine Predigt vorbereiten, aber ich kann mich einfach nicht konzentrieren. Es kommt mir beinahe so vor, als scheinen die possierlichen Tierchen fest entschlossen, mich abzulenken. Sie flitzen um den Baum, den ich von meinem Bürofenster aus sehen kann. Wir sind jetzt seit drei Jahren Nachbarn. Sie beobachten mich, wenn ich auf der Tastatur herumtippe. Ich beobachte sie, wie sie ihre Nüsse vergraben und den Stamm hinaufklettern. Wir unterhalten einander. Ich könnte sie den ganzen Tag beobachten und manchmal tue ich das auch.

Doch ich habe noch niemals in Erwägung gezogen, eines von ihnen zu werden. Die Eichhörnchenwelt übt keinerlei Anziehung auf mich aus. Wer möchte schon neben einem haarigen Nagetier mit Knopfaugen schlafen? Sollte ich die Rocky Mountains, mein geliebtes Angeln, Hochzeiten und Frohsinn für ein Loch im Boden und schmutzige Nüsse aufgeben? Nein danke.

Aber genau das hat Jesus getan. Und was für eine Welt er hinter sich gelassen hat! Das schönste Anwesen auf diesem Planeten käme ihm wie ein Loch in einem Baumstamm vor. Die tollsten Fünf-Gänge-Menüs auf der Erde wären auf dem Himmelstisch nicht mehr als ein paar Walnüsse. Und die Vorstellung, ein Eichhörnchen mit Krallen und winzigen Nagezähnen und einem buschigen Schwanz zu werden? Das ist nichts, wenn man es mit einem Gott vergleicht, der zu einem Embryo wurde und in Marias Körper einzog.

Und doch tat er genau das. Der Gott des Universums wurde arm wie ein Bauernkind und verbrachte seine erste Nacht auf dieser Erde im Futtertrog einer Kuh. „Er, der das Wort ist, wurde Mensch und lebte unter uns“ (Johannes 1,14). Der Gott des Universums verließ die Herrlichkeit des Himmels und zog in unsere Nachbarschaft. In unsere Nachbarschaft! Wer hätte sich je so etwas vorstellen können?

Der Gott des Universums verließ die Herrlichkeit des Himmels und zog in unsere Nachbarschaft.

Als Gott in diese Welt kam, sorgte er dafür, dass wir errettet werden würden, dass wir immer Gnade finden und Grund zur Hoffnung haben. Aber da war noch etwas: dass wir nie wieder allein sein würden.

Vielleicht fühlst du dich heute einsam. Vielleicht fühlst du dich schon seit Wochen oder sogar Monaten einsam. Einsamkeit lässt sich nicht immer vermeiden. Sie gehört zum Menschsein einfach dazu. Du bist in eine andere Stadt gezogen oder dein bester Freund ist weggezogen, oder es fällt dir im Moment schwer, Anschluss zu finden. Aber durch Christus ist dir Gott immer nah. Er liebt es, bei denen zu sein, die er liebt – so sehr, dass er, der alles erschaffen hat, „sich selbst zu nichts“ gemacht hat (Philipper 2,7; EÜ). Jesus hat sich klein gemacht. Er war auf Lungen, einen Kehlkopf und

Beine angewiesen. Er machte die Bekanntschaft von Hunger und Durst. Er durchlief all die normalen Stadien menschlicher Entwicklung. Er lernte zu laufen, zu stehen, sich das Gesicht zu waschen und sich anzuziehen. Seine Muskeln wurden kräftiger, seine Haare länger. In der Pubertät kam er in den Stimmbruch. Er war ein Mensch wie wir.

Als Jesus in Jubel ausbrach (Lukas 10,21), war seine Freude echt. Als er bei der Betrachtung von Jerusalem in Tränen ausbrach, waren seine Tränen so real wie deine oder meine. Als er fragte: „Wie lange muss ich noch bei euch sein, bis ihr endlich glaubt? Wie lange muss ich euch noch ertragen?" (Matthäus 17,17), waren seine Enttäuschung und sein Frust echt. Als er am Kreuz ausrief: „Mein Gott, mein Gott, warum hast du mich verlassen?" (Matthäus 27,46), wollte er tatsächlich eine Antwort auf diese Frage.

Er „nahm die niedrige Stellung eines Dieners an" (Philipper 2,7), wurde ein Mensch wie wir, um uns zu dienen. Er kam nicht in diese Welt, um unsere Treue einzufordern, sondern um uns seine Zuneigung zu beweisen.

Vielleicht hatte Jesus Pickel. Vielleicht war er unmusikalisch. Vielleicht war ein Mädchen aus seiner Straße in ihn verliebt oder umgekehrt. Vielleicht waren seine Knie knochig. Eines ist sicher: Er war nicht nur durch und durch Gott, er war auch durch und durch ein Mensch.

Warum? Warum hat Jesus sich unseren Problemen ausgesetzt? In Samarien war er erschöpft (Johannes 4,6), in Nazareth ungehalten (Markus 6,6). Im Tempel überkam ihn die

Wut (Johannes 2,15) und im Boot auf dem See Genezareth schlief er vor Müdigkeit ein (Markus 4,38). Am Grab von Lazarus war er traurig (Johannes 11,35) und in der Wüste hatte er Hunger (Matthäus 4,2).

Warum hat er all diese Gefühle ertragen? Weil er wusste, dass du sie auch empfinden würdest. Er wusste, dass auch du hin und wieder erschöpft, gereizt und wütend werden würdest.

Er wusste, dass du manchmal müde, traurig und hungrig werden würdest. Er wusste, dass du mit Schmerzen konfrontiert werden würdest. Wenn nicht mit körperlichen, dann mit seelischen ... So starken Schmerzen, dass kein Medikament dagegen helfen würde. Er wusste, dass du Durst haben würdest. Wenn nicht Durst nach Wasser, dann Durst nach Wahrheit. Und wenn wir lesen, dass er durstig war, dann lernen wir daraus, dass er uns versteht.

Wenn wir uns einsam fühlen, kann das Wissen, dass uns jemand versteht, alles verändern. Wenn uns niemand versteht, können wir uns auch dann einsam fühlen, wenn wir von Menschen umgeben sind. Und du kannst allein sein und dich trotzdem nicht einsam fühlen, wenn du weißt, dass es da jemanden gibt, der dich versteht. Gott wurde Mensch, damit wir uns immer von ihm verstanden fühlen können. Denk mal über die folgenden Eigenschaften von Jesus nach:

- Er wurde von einer Mutter zur Welt gebracht.
- War mit Schmerzen vertraut.
- Genoss es, fröhlich zu feiern.

- Wurde von Freunden im Stich gelassen.
- War Opfer ungerechtfertigter Anschuldigungen.
- Liebte Geschichten.
- Zahlte widerwillig seine Steuern.
- Sang gern.
- Hatte keine Lust auf Heuchelei.
- Hatte Erbarmen mit den Einsamen.
- Wurde von seinen Geschwistern abgelehnt.
- Setzte sich für die Unterdrückten ein.
- Sorgen raubten ihm den Schlaf.
- Schlief manchmal unterwegs ein.
- War oft unhöflich.
- Hatte Angst vor dem Tod.
- Diese Beschreibungen könnten auf Jesus, aber auch auf dich zutreffen, oder?

Wenn wir uns diese Liste anschauen, scheint es, als hätten wir ziemlich viel mit Jesus gemeinsam.

Ist das wichtig? Ich glaube schon.

Jesus versteht dich. Er kennt die Anonymität einer Kleinstadt ebenso wie die Hektik des Großstadtlebens. Er hat die Pfade der Schafhirten beschritten und die Paläste der Herrscher von innen gesehen. Er hat selbst erlebt, was Hunger, Kummer und Tod bedeuten, und er möchte an deiner Seite sein, wenn du damit konfrontiert wirst. Jesus „versteht unsere Schwächen, weil ihm dieselben Versuchungen begegnet sind wie uns, doch er wurde nicht schuldig" (Hebräer 4,15).

Wenn Jesus unsere Schwächen versteht, dann tut Gott das auch. Jesus war Gott in menschlicher Gestalt. Er war „Gott mit uns“. Darum lautet sein Name auch „Immanuel“.

Wenn Jesus unsere Schwächen versteht, dann tut Gott das auch.

Immanuel ist ein hebräisches Wort, das schon vor zweitausend Jahren genauso lautete. *Immanu* bedeutet „mit uns“. Und *El* bezieht sich auf *Elohim* – Gott. Immanuel ist kein „Gott über uns“ oder ein „Gott irgendwo in der Nachbarschaft“. Er kam als „Gott mit uns“ auf diese Welt. Nicht als „Gott mit den Reichen“ oder „Gott mit den Frommen“. Sondern „Gott mit uns“. Mit uns allen. Deutschen, Russen, Buddhisten, Mormonen, Lkw-Fahrern und Taxifahrern, Bibliothekaren. Gott mit uns.

Wir lieben dieses Wörtchen „mit“, nicht wahr? Vor allem, wenn wir uns einsam fühlen. „Willst du mit mir gehen?“, fragen wir. „Mit zum Einkaufen, ins Krankenhaus, durch mein Leben?“ Und Gott sagt, dass er das will. „Ich bin immer bei euch“, sagte Jesus, bevor er in den Himmel aufgenommen wurde, „bis ans Ende der Zeit“ (Matthäus 28,20). Das Kleingedruckte bei diesem Versprechen? Gibt es nicht. Nirgends steht: „Ich bin bei euch, wenn ihr euch benehmt … wenn ihr glaubt. Ich bin bei euch, wenn ihr mich sonntags anbetet …

wenn ihr den Gottesdienst besucht." Du wirst nichts dergleichen finden. Gottes Versprechen, „mit uns" zu sein, gilt ohne jede Einschränkung. Er ist mit uns.

Gott ist mit uns.

Propheten waren nicht genug. Apostel haben nicht gereicht. Engel genügten ebenfalls nicht. Gott hat mehr gesandt als nur Wunder und Botschaften. Er hat sich selbst gesandt. Er sandte seinen Sohn. „Er, der das Wort ist, wurde Mensch und lebte unter uns" (Johannes 1,14).

Und weil Jesus uns versteht, können wir zu ihm kommen.

Gott hat mehr gesandt als nur Wunder und Botschaften. Er hat sich selbst gesandt. Er sandte seinen Sohn.

Wenn er uns nicht verstehen könnte, würde uns das nicht daran hindern, uns Hilfe suchend an ihn zu wenden? Wenn andere Menschen uns nicht verstehen – hindert uns das nicht daran, mit unseren Problemen zu ihnen zu gehen? Stell dir vor, du steckst in Schwierigkeiten, weil dir deine Schulden über den Kopf wachsen, und du bräuchtest den Rat eines verständnisvollen Freundes. Würdest du dich da an den Sohn eines Milliardärs wenden? (Mir geht es hier um einen Ratschlag und nicht um eine Finanzspritze.) Würdest du dich an jemanden wenden, der ein Vermögen geerbt hat?

Wahrscheinlich nicht. Und warum nicht? Weil er dich nicht verstehen könnte. Er hat sich wahrscheinlich nie in deiner Situation befunden und könnte überhaupt nicht nachvollziehen, wie du dich fühlst.

Aber Jesus war schon mal in deiner Situation und weiß, wie du dich fühlst. Und wenn sein Leben auf dieser Erde dich nicht überzeugt, sollte sein Tod am Kreuz es tun. Er versteht, was du durchmachst. Unser Herr behandelt uns nicht von oben herab und findet unsere Bedürfnisse auch nicht lächerlich. In der Bibel heißt es, dass „er niemandem sein Unvermögen vorwirft und dass er jeden reich beschenkt" (Jakobus 1,5; Hfa). Und warum? Niemand hat das klarer formuliert als der Verfasser des Hebräerbriefes:

Dieser Hohe Priester versteht unsere Schwächen,
weil ihm dieselben Versuchungen begegnet sind
wie uns, doch er wurde nicht schuldig. Lasst uns
deshalb zuversichtlich vor den Thron unseres
gnädigen Gottes treten. Dort werden wir
Barmherzigkeit empfangen und Gnade finden,
die uns helfen wird, wenn wir sie brauchen.

Hebräer 4,15–16

33 Jahre lang hat er dasselbe empfunden wie du und ich. Er fühlte sich schwach. Er war erschöpft. Er hatte Angst zu

versagen. Er war erkältet, musste rülpsen und roch nach Schweiß. Seine Gefühle wurden verletzt. Seine Füße wurden müde. Und er hatte Kopfschmerzen.

Wenn wir Jesus in einem solchen Licht betrachten … Das kommt uns fast ein bisschen respektlos vor, oder? Uns ist bei dieser Vorstellung nicht ganz wohl in unserer Haut. Es ist viel einfacher, dieses allzu Menschliche aus dem Konzept der Menschwerdung auszuklammern. Fegen wir den Mist aus dem Stall. Wischen wir ihm den Schweiß von der Stirn. Tun wir so, als hätte Jesus nie geschnarcht oder sich die Nase geputzt oder sich mit einem Hammer auf den Daumen geschlagen.

Er wäre auf diese Weise leichter zu handhaben. Wenn wir nur seinem göttlichen Wesen Beachtung schenken, können wir ihn besser auf Distanz halten, ihn in eine Schublade stecken und in den Griff kriegen.

Aber tu das nicht. Um Himmels willen – tu es nicht! Lass ihn so menschlich sein, wie er sein wollte. Lass ihn in den Dreck und Morast unserer Welt hinein, denn nur wenn wir ihn hereinlassen, kann er uns herausziehen.

Zum Nachdenken

Nimm dir Zeit, um über das Gelesene nachzudenken, und halte hier deine Gedanken und Antworten auf die folgenden Fragen fest.

1. Halte Erinnerungen an eine Phase deines Lebens fest, in der du dich einsam gefühlt hast. Warum hast du dich einsam gefühlt? Was hat dir am meisten zu schaffen gemacht? Vielleicht fühlst du dich ja auch gerade jetzt einsam.

....

....

....

....

....

....

2. Was bedeutet „Immanuel“, und warum ist es so wichtig, dass wir die Bedeutung dieses Wortes verstehen?

....

....

....

....

....

....

3. Ist dir in deiner Einsamkeit schon mal der Gedanke gekommen, dich an Jesus zu wenden? Warum oder warum nicht?

....

....

....

....

....

....

4. Inwiefern könnte dir die Zusage des „Immanuel – Gott mit uns" gerade jetzt helfen, dich weniger einsam zu fühlen?

....

....

....

....

....

....

Gottes Botschaft für dich

Die folgenden Bibelstellen sollen dich daran erinnern, dass Gott bei dir ist, wenn du dich einsam fühlst.

Und ich versichere euch: Ich bin immer bei euch bis ans Ende der Zeit.

Matthäus 28,20

Beachte, dass Jesus sein Versprechen noch bekräftigt: „ich versichere euch".

Auch wenn ich durch das dunkle Tal des Todes gehe, fürchte ich mich nicht, denn du bist an meiner Seite. Dein Stecken und Stab schützen und trösten mich.

Psalm 23,4

Das Wissen, dass Gott bei uns ist, kann uns die Angst nehmen.

Und ich werde den Vater bitten, und er wird euch einen anderen Ratgeber geben, der euch nie verlassen wird. Es ist der Heilige Geist, der in alle Wahrheit führt.

Johannes 14,16–17

Unser Fürsprecher ist der Heilige Geist – unser Helfer, der immer bei uns ist, sodass wir niemals allein sind.

Lies das folgende Gebet leise oder laut. Wenn du es zu Ende gebetet hast, nimm dir einen Moment, um still zu sein und auf Gottes Stimme zu hören.

Himmlischer Vater, ich brauche heute diese Zusage des „Immanuel – Gott mit uns". Ich muss einfach wissen, dass du bei mir bist. Manchmal fühle ich mich so einsam. Ich habe dann das Gefühl, gar keine richtigen Freunde zu haben. Es fühlt sich für mich so an, als würde meine Familie mich nicht verstehen. Ich habe das Gefühl, dass es niemanden mehr gibt, an den ich mich wenden kann. Erinnere mich daran, dass ich in diesen Augenblicken zu dir und deinem Sohn Jesus kommen kann, der auf diese Erde gekommen ist, weil du uns nah sein wolltest. Ich weiß, dass du mir in Christus immer nah bist. Du gehst nicht weg. Wenn ich allein bin, kann ich mich an dich wenden, und du wirst mich hören, weil du immer in der Nähe bist. Und durch Jesus kannst du mich verstehen. Ich danke dir für den Trost, den dieses Versprechen mir schenkt. Amen.

Kapitel 6

Gott will dir im Alltag helfen

Jesus befand sich mit seinen Jüngern und seiner Mutter Maria auf einer Hochzeit, als diese mit einem seltsamen und scheinbar unwesentlichen Anliegen zu ihm kam: „Sie haben keinen Wein mehr“, sagte sie zu ihm (Johannes 2,3).

Wäre ich an diesem Tag der diensthabende Engel gewesen, hätte ich eingegriffen. Ich hätte einen meiner Flügel ausgestreckt und Maria beiseitegenommen. Ich hätte sie an den Auftrag ihres Sohnes erinnert. „Er wurde nicht auf diese Erde gesandt, um so weltliche, profane Aufgaben zu erledigen. Wir heben uns seine Wunderkräfte lieber für Totenerweckungen, Lepraheilungen und Dämonenaustreibungen auf. Kein Wein? Kein Grund, Jesus etwas vorzuheulen.“

Aber ich war nicht der diensthabende Engel. Maria nahm die Hilfe ihres Sohnes in Anspruch, um das Problem der leeren Schöpfkellen zu lösen. Im 1. Jahrhundert verstanden die Menschen in Palästina etwas davon, wie man Feste feiert. Eine Hochzeitsfeier mit Empfang, die nur einen Abend dauert, war ein absolutes No-Go. Hochzeiten dauerten geschlagene sieben Tage. Essen und Getränke sollten also mindestens genauso lange ausreichen. Daher war Maria besorgt, als sie sah, dass die Diener die letzten Tropfen aus dem Weinfass schöpften.

Man kann die Veranstalter wegen schlechter Planung tadeln. Man kann die Gäste für den Weinmangel verantwortlich machen, weil sie zu viel tranken. Man kann Jesus vorwerfen, dass er mit einer ganzen Truppe durstiger Jünger auftauchte. Wir wissen nicht, warum es zu dem Engpass kam. Aber wir wissen, wie die Vorräte wieder gefüllt wurden. Maria brachte das Problem vor. Jesus fühlte sich zunächst nicht zuständig. Maria wies die Diener an, entsprechende Vorkehrungen zu treffen, und wartete dann ab. Jesus überlegte es sich noch einmal. Er gab eine Anweisung. Die Diener gehorchten und boten dem Sommelier etwas an, wovon sie hatten schwören können, dass es Wasser war. Er nahm einen Schluck, leckte sich die Lippen, hielt das Glas gegen das Licht und erwiderte erstaunt, dass sie wohl den besten Wein für den Abschiedstoast aufgehoben hatten. Die Diener begleiteten ihn durch den Raum, um ihm die sechs Fässer zu zeigen, die bis zum Rand mit Wein gefüllt waren. Die Hochzeit ohne Wein wurde plötzlich zu einer Hochzeit mit Wein im Überfluss. Maria lächelte ihren Sohn an. Jesus hob grüßend das Glas und wir lernen aus der Geschichte: Der Himmel interessiert sich für unsere schwindenden Vorräte, egal, wie belanglos sie auch sein mögen.

Ich kann ebenfalls ein Lied davon singen. Während einer der etwas verrückteren Zeiten meines Lebens nahm ich an einem Halb-Ironman teil. Der Wettkampf bestand aus einer Schwimmstrecke von 2 Kilometern, einer Radstrecke von 90 Kilometern und einer Laufstrecke von 21 Kilometern. Warum nahm ein 50-jähriger Pastor an einem solchen Unterfangen teil? Genau das fragte mich meine Frau jedenfalls immer wieder.

Während eines dieser Rennen betete ich das wahrscheinlich wunderlichste Gebet meines Lebens. Wir waren zu viert zu dem Wettkampf nach Florida gereist. Einer meiner Freunde hatte einen Athleten aus Indiana eingeladen, uns zu begleiten. Insgesamt kannte ich also von über 200 Teilnehmern nur diese drei. Eine Tatsache, die für meine Geschichte sehr bedeutsam ist.

Ich beendete das Schwimmen. Ich war zwar nicht der Allerletzte, aber doch fast Letzter und schon halb tot. Ich setzte mich auf mein Fahrrad und begann die dreistündige Fahrt. Nachdem ich etwa ein Drittel der Strecke hinter mich gebracht hatte, griff ich in die Tasche meines Shirts, um etwas Sportlernahrung herauszuholen. Es handelt sich dabei um eine Ration schnell verwertbarer essenzieller Nährstoffe. Rate mal, wer seine Snacks vergessen hatte? Ich hatte keine Nahrung und noch fast 50 Kilometer vor mir. Leider gibt es auf der Triathlonstrecke auch keine Kioske mit solchen Riegeln.

Also betete ich. Während ich schnaufte und in die Pedale trat, sagte ich: „Herr, das ist vielleicht das einzige Mal in der Ewigkeit deines Daseins, dass du diese Bitte hörst. Aber meine Situation sieht folgendermaßen aus …“

Fiel ein Powerriegel vom Himmel? Na ja, fast. Der Mann aus Indiana, der Freund meines Freundes, eine der drei Personen, die ich unter all den Teilnehmenden kannte, fuhr gerade „rein zufällig“ an mir vorbei.

„Hi, Max, wie läuft's?“, fragte er.

„Also, ich habe da ein Problem …“

Als er von meinem Snack-Mangel hörte, griff er in die

Tasche seines Trikots und holte drei Packungen hervor. Er sagte: „Ich habe mehr als genug!", gab sie mir und fuhr weiter.

Jetzt denkst du vielleicht: Max, das ist ein ziemlich schwaches Beispiel für ein erhörtes Gebet. Ich bin mit Krankheiten, Schulden, drohender Kündigung und Schicksalsschlägen konfrontiert, und du sprichst von etwas so Belanglosem wie Snacks in einem Rennen?

Genau darauf will ich hinaus.

Und ich denke, darauf will auch Jesus hinaus. Ist es wirklich so weltbewegend, ob auf einer Hochzeit der Wein ausgeht? Angesichts all der Bedürfnisse der Menschen auf dem Planeten – warum sollten leere Weinfässer da eine Rolle spielen? Die Antwort ist einfach: Es war Jesus wichtig, weil es Maria wichtig war. Wenn Jesus bereit war, seine himmlische Macht unter Beweis zu stellen, um einen gesellschaftlichen Fauxpas zu verhindern, wie viel mehr wird er dann bereit sein, bei den bedeutsameren Fragen unseres Lebens einzugreifen?

Er möchte, dass du eines weißt: Du darfst dich mit deinen Bedürfnissen – all deinen Bedürfnissen! – an ihn wenden. „Sorgt euch um nichts, sondern betet *um alles*. Sagt Gott, was ihr braucht, und dankt ihm" (Philipper 4,6; Hervorhebung des Autors).

Betet um alles – nicht nur um die großen Dinge.

Maria hat es uns vorgemacht. Sie kam mit ihrem Anliegen zu Jesus. „Sie haben keinen Wein mehr." Ohne Trommelwirbel und ohne Tamtam. Sie kannte das Problem. Sie kannte den Versorger. Sie brachte beides zusammen.

Also frage ich dich: Hast du Gott schon um Unterstützung gebeten? Hat dein Bedürfnis dich motiviert, ein Gebet zu sprechen? Jesus wird dir eine passende Antwort auf dein konkretes Anliegen geben. Bei ihm gibt es kein Fast Food. Er ist ein Sternekoch, der seinen ganz individuellen Segen auf deine einzigartigen Bedürfnisse abstimmt. Als Menschenmengen zu ihm kamen, um geheilt zu werden, legte er *„jedem Einzelnen* die Hände auf und heilte sie alle" (Lukas 4,40; Hervorhebung des Autors).

Wenn Jesus gewollt hätte, hätte er auch eine heilende Wolke vom Himmel auf die Menschenmenge herabrufen können. Aber sein Segen ist keine Massenware. Er legte jedem Einzelnen die Hände auf, ganz individuell und persönlich. Er reagierte auf konkrete Nöte mit konkreten Antworten.

Durch ein präzises Gebet geben wir Jesus die Möglichkeit, all unsere Zweifel an seiner Liebe und seinem Interesse an uns zu zerstreuen. Dein Problem wird zu seinem Weg. Deine Herausforderung wird zur Bühne, auf der Jesus sein wunderbares Wirken demonstriert.

Sprich also ein einfaches Gebet und vertraue Jesus dein Anliegen konkret an.

Wir alle wissen, wie es sich anfühlt, wenn man ein solches Gebet spricht und scheinbar nur ein Schweigen als Antwort bekommt. Auch bei dem Wunder, das Jesus auf der Hochzeit vollbrachte, zögerte er zunächst: „‚Was hat das mit mir und dir zu tun?', fragte Jesus. ‚Meine Zeit ist noch nicht gekommen'" (Johannes 2,4).

Vielleicht hast du die gleiche Reaktion auch schon erlebt. In deiner persönlichen Version von Vers 3 hast du deinen Mangel geschildert: kein Wein, keine Zeit, keine Kraft, keine Vision. Deine Anzeige steht auf null. Der Tank ist leer. Das Konto im Minus. In Vers 3 hast du dein Anliegen vorgebracht. Dann kam Vers 4. Schweigen. Totenstille. Es kam keine Antwort. Es wurde keine Ausgleichszahlung getätigt. Wenn es keine Antwort gibt, wie lautet dann dein Vers 5? „Doch seine Mutter wies die Diener an: ‚Tut, was immer er euch befiehlt'" (Johannes 2,5). Übersetzt bedeutet das: „Jesus hat das Sagen, nicht ich." „Er regiert die Welt, nicht ich." „Er kennt die Zukunft, ich nicht." „Ich vertraue Jesus. Was auch immer er euch aufträgt, tut es."

Und es war etwas an Marias felsenfestem Glauben, das dazu führte, dass Jesus seine Pläne änderte.

Im Haus gab es sechs steinerne Wasserbehälter, die für die vorgeschriebenen Reinigungshandlungen der Juden verwendet wurden und jeweils rund hundert Liter fassten. Jesus sprach zu den Dienern: „Füllt die Krüge mit Wasser." Als sie die Krüge bis zum Rand gefüllt hatten, sagte er: „Schöpft daraus und bringt es dem Zeremonienmeister." Sie folgten seiner Anweisung.

Verse 6–8

Das Volumen der sechs Wasserbehälter reichte umgerechnet für sage und schreibe 760 Flaschen Wein![1] Selbst an der Mosel hatte man noch keine so riesige Ernte erlebt.

Der Zeremonienmeister kostete von dem Wasser, das nun Wein war. Da er nicht wusste, woher der Wein kam – denn nur die Diener, die ihn geschöpft hatten, wussten es –, ließ er den Bräutigam holen. „Eigentlich schenkt ein Gastgeber den besseren Wein zuerst aus", sagte er. „Später, wenn alle betrunken sind und es ihnen nichts mehr ausmacht, holt er den weniger guten. Du dagegen hast den besten Wein bis jetzt zurückbehalten!"

Johannes 2,9–10

Jesus sorgte nicht nur für viel Wein, sondern auch für besonders guten Wein. Kochwein hätte es auch getan. Wein aus dem Supermarkt hätte den Gästen gereicht. Maria wäre zufrieden gewesen mit der Sorte Wein, die man dienstagabends zur Pizza trinkt. Aber Jesus war das nicht genug. Wenn wir mit unserem Anliegen zu ihm kommen und darauf vertrauen, dass er das Richtige tut, dann geschieht etwas Wunderbares: Er kann „unendlich viel mehr tun, als wir je bitten oder auch nur hoffen würden" (Epheser 3,20).

Wir müssen nur eines tun: glauben – daran glauben, dass Jesus wirklich in jeder Situation der Herr ist. Also bring eine konkrete Bitte vor, und vertraue darauf, dass er vielleicht nicht unbedingt das tut, was du möchtest, aber das, was am besten ist. Ehe du dich's versiehst, wirst du auf das Wohl Jesu anstoßen, um den zu ehren, der deine Gebete hört.

Zum Nachdenken

Nimm dir Zeit, um über das Gelesene nachzudenken, und halte hier deine Gedanken und Antworten auf die folgenden Fragen fest.

1. Wenn du bei dieser Hochzeit in Kana dabei gewesen wärst: Was hättest du von Marias Bitte gehalten und warum?

....

....

....

....

....

Was hältst du von diesem Wunder – verglichen mit den anderen Wundern, die Jesus im Laufe seines Dienstes vollbracht hat, wie zum Beispiel einen Blinden sehend zu machen oder ein Mädchen vom Tod aufzuerwecken? Was glaubst du, warum es in den Evangelien steht?

....

....

....

....

....

2. Was war das „kleinste“ Gebet, das du je gesprochen hast, für etwas scheinbar ganz Unbedeutendes? Wurde das Gebet erhört? Wenn ja, wie? Wenn nicht, wie hast du auf Gottes Schweigen reagiert?

....

....

....

....

....

....

....

....

Glaubst du das, was Lucado geschrieben hat: Der Himmel interessiert sich für unsere schwindenden Vorräte, egal, wie belanglos sie auch sein mögen? Warum oder warum nicht?

....

....

....

....

....

....

....

....

3. Notiere dir hier ein paar ganz alltägliche Dinge, um die du dir Sorgen machst oder für die du Gottes Eingreifen brauchst.

....

....

....

....

....

....

....

....

....

Wie geht es dir damit, mit Gott über diese Liste zu sprechen?

....

....

....

....

....

....

....

....

....

....

Gottes Botschaft für dich

Diese Bibelstellen sollen dich daran erinnern, dass Gott dir im Alltag hilft.

„Hört auf, euch Sorgen zu machen um euer Essen und Trinken oder um eure Kleidung. Warum wollt ihr leben wie die Menschen, die Gott nicht kennen und diese Dinge so wichtig nehmen? Euer himmlischer Vater kennt eure Bedürfnisse. Macht das Reich Gottes zu eurem wichtigsten Anliegen, lebt in Gottes Gerechtigkeit, und er wird euch all das geben, was ihr braucht. Deshalb sorgt euch nicht um morgen, denn jeder Tag bringt seine eigenen Belastungen. Die Sorgen von heute sind für heute genug."

Matthäus 6,31–34

Gott weiß, was du jeden Tag brauchst, und er will es dir geben.

Vertraue von ganzem Herzen auf den Herrn und verlass dich nicht auf deinen Verstand. Denke an ihn, was immer du tust, dann wird er dir den richtigen Weg zeigen.

Sprüche 3,5–6

Bei welchen Gelegenheiten sollen wir uns an Gott wenden? Bei allem, was wir tun. Den Kleinigkeiten, den großen Dingen und allem anderen dazwischen.

Dieser Hohe Priester versteht unsere Schwächen,
weil ihm dieselben Versuchungen begegnet
sind wie uns, doch er wurde nicht schuldig.
Lasst uns deshalb zuversichtlich vor den Thron
unseres gnädigen Gottes treten. Dort werden wir
Barmherzigkeit empfangen und Gnade finden,
die uns helfen wird, wenn wir sie brauchen.

Hebräer 4,15–16

Weil Jesus ein menschliches Leben geführt hat, können wir mit jedem Anliegen zu Gott kommen und dürfen wissen, dass wir bei ihm Mitgefühl, Nachsicht und Verständnis finden werden.

Sprich mit Gott über all die Dinge, die du bei Punkt 3 aufgelistet hast, und lies das folgende Gebet leise oder laut. Sitze dann anschließend noch ein bisschen in der Stille und lausche auf Gottes leise Stimme.

Gott, danke, dass ich mit dir über all die Dinge sprechen darf, die mir Sorgen bereiten. Manchmal fällt es mir schwer, daran zu glauben, dass dir auch das Alltägliche wichtig ist. Aber weil ich weiß, dass es in jeder Beziehung wichtig ist, über die Kleinigkeiten zu sprechen, will ich dir auch davon erzählen. Es soll mir zeigen, dass ich dir in den kleinen und großen Dingen des Lebens vertrauen kann. Selbst wenn ich nicht die Antworten bekomme, die ich mir wünsche, danke ich dir trotzdem dafür, dass du mir zuhörst und dass dir meine Anliegen wichtig sind, auch die ganz alltäglichen. Amen.

Kapitel 7

Gott will dir helfen, wenn du krank bist

Wir wissen nicht, wie sie hieß, aber wir wissen, wie ihr Leben aussah. Ihre Welt war finster wie die Nacht. Eine „Im Dunkeln herumtasten und auf Hilfe hoffen"-Düsternis. Lies die drei folgenden Verse, dann wirst du verstehen, was ich meine:

Jesus ging mit ihm, gefolgt von einer dichten Menschenmenge. In der Menge war auch eine Frau, die seit zwölf Jahren an Blutungen litt. Sie hatte in dieser Zeit bei vielen Ärzten Schlimmes durchgemacht. Ihr ganzes Vermögen hatte sie eingebüßt, um sie zu bezahlen, ohne dass es ihr besser ging. Es war sogar schlimmer geworden.

Markus 5,24–26

Ihr Leben verlief anders, als sie es sich erhofft hatte: Sie litt „seit zwölf Jahren an Blutungen", „hatte … Schlimmes durchgemacht", „ihr ganzes Vermögen … eingebüßt" und „es war sogar schlimmer geworden". Sie war körperlich am Ende und gesellschaftlich ausgegrenzt. Jeden Morgen erwachte sie in einem Körper, an dem niemand Interesse zeigte. Es gab nur noch eine Karte, die sie ausspielen konnte. Und an dem Tag, an dem wir ihr begegnen, ist sie bereit, es zu tun.

Vielleicht hast du dich auch schon mal so gefühlt. Du warst tage-, wochen-, ja jahrelang krank. Ärzte, Spezialisten, Untersuchungen – keiner scheint ein Heilmittel zu kennen, und du hast es satt. Du hast es satt, krank zu sein. Aber vor allem hast du es satt zu hoffen. Jeden Tag hoffst und betest du, dass es dir heute besser geht als gestern, und jeden Tag wirst du wieder aufs Neue enttäuscht. Wie kannst du da noch weiter an Heilung glauben? Wie kannst du da noch weiter daran glauben, dass es Gott interessiert?

Als die Frau zu Jesus kommt, ist er von einer großen Menschenmenge umgeben. Er hat sich auf den Weg gemacht, um der Tochter des Jaïrus zu helfen – eines der wichtigsten Männer in der Gemeinde. Wie groß ist die Wahrscheinlichkeit, dass er den dringenden Auftrag dieses angesehenen Mannes verschieben wird, um jemandem wie ihr zu helfen? Sehr gering. Trotzdem unternimmt sie einen Versuch.

„Wenn ich nur seine Kleider berühre", sagt sie sich, „werde ich gesund" (Vers 28). Er ist ihre letzte Hoffnung, ihr letzter Strohhalm. Ihr letzter verzweifelter Versuch, gesund zu werden – alle anderen Versuche sind bislang gescheitert –, und alles hängt von diesem Mann ab, den sie einen Propheten nennen. Alles hängt von Jesus ab.

Alles hängt von Jesus ab.

Eine riskante Entscheidung. Um ihn zu berühren, muss sie sich an den Leuten vorbeidrängeln. Und wenn einer von ihnen sie erkennt, ist der Ärger vorprogrammiert. Das war's dann mit der Heilung. Aber hat sie eine Wahl? Sie hat kein Geld, keinen Einfluss, keine Freunde, keine Lösung. Alles, was sie hat, ist die verrückte Ahnung, dass Jesus ihr helfen kann, und die große Hoffnung, dass er es tun wird.

Vielleicht ist das auch alles, was du hast: eine verrückte Ahnung und eine große Hoffnung. Du hast nichts zu geben. Aber du hast ein Problem. Und alles, was du ihm anzubieten hast, ist dein Problem.

Vielleicht hat dich das bislang davon abgehalten, zu Gott zu kommen. Ja, du hast ein paar zaghafte Schritte in seine Richtung gewagt. Aber dann hast du all die anderen Menschen gesehen, die um ihn herumstanden. Sie wirkten so sauber, so ordentlich, so kompetent und so glaubensstark. Und als dein Blick auf diese Menschen fiel, hat dir das den Blick auf Jesus verstellt und du bist zurückgewichen.

Wenn diese Beschreibung auf dich zutrifft, dann achte doch mal darauf, dass an diesem Tag nur eine einzige Person wegen ihres Glaubens gelobt wurde. Und bei dieser Person handelte es sich nicht um einen reichen Gönner und auch nicht um einen treuen Nachfolger. Sondern um eine beschämte, mittellose Außenseiterin, die sich an ihrem letzten Strohhalm festhielt – der Ahnung, dass er helfen konnte, und der Hoffnung, dass er es tun würde.

Dies ist übrigens nicht die schlechteste Definition für Glauben: *die Überzeugung, dass er helfen kann, und die Hoffnung, dass er helfen wird.* Das erinnert ein bisschen an die Definition von Glauben, die wir in der Bibel finden: „Ihr seht also, dass es unmöglich ist, ohne Glauben Gott zu gefallen. Wer zu ihm kommen möchte, muss glauben, dass Gott existiert und dass er die, die ihn aufrichtig suchen, belohnt“ (Hebräer 11,6).

Eine gesunde Frau hätte nie zu schätzen gewusst, wie wertvoll es sein kann, nur den Saum seines Gewandes berühren zu dürfen. Aber diese Frau ist krank und als ihre Not mit seiner Hingabe in Berührung kommt, geschieht ein Wunder. Ihr Beitrag zur Heilung ist sehr gering. Sie tut nichts weiter, als ihren Arm durch die Menschenmenge hindurchzustrecken.

Als ihre Not mit seiner Hingabe in Berührung kommt, geschieht ein Wunder.

„Wenn ich nur seine Kleider berühre …“

Es kommt nicht darauf an, worin unsere Anstrengung besteht, sondern darauf, *dass* wir sie unternehmen. Tatsache ist, dass die Frau etwas tut. Sie weigert sich, sich noch einen Tag länger mit ihrer Krankheit abzufinden, und beschließt, etwas zu unternehmen. Die Heilung beginnt in dem Moment, in dem wir etwas tun. Heilung beginnt, wenn wir uns nach Gott ausstrecken. Heilung beginnt, wenn wir einen Glaubensschritt unternehmen.

Gottes Hilfe ist nah und steht immer zur Verfügung, aber sie wird nur denen zuteil, die sich danach ausstrecken. Das große Wunder in dieser Geschichte ist die Heilung der Frau. Aber Fakt ist auch, dass die Heilung damit beginnt, dass sie Jesus berührt. Durch diese kleine, mutige Geste kommt sie mit seiner Liebe und Macht in Berührung: „Da drehte Jesus sich um und sagte zu ihr: ‚Meine Tochter, hab keine Angst! Dein Glaube hat dich geheilt.' Und im selben Augenblick war die Frau wieder gesund" (Matthäus 9,22).

Wenn du Heilung brauchst und dein eigener Glaube auf schwachen Füßen steht, könntest du vielleicht eine Freundin bitten, ihren Glauben stellvertretend für dich in Aktion zu versetzen. Das ist die Art von Glauben, den Jesus eines Tages erlebt, als er sieht, wie ein Mann durch ein Loch im Dach zu ihm herabgelassen wird (Markus 2,1–12).

Ob er schon gelähmt zur Welt gekommen ist oder es erst im Laufe seines Lebens wurde, wissen wir nicht, aber das Resultat ist dasselbe: völlige Abhängigkeit von anderen Menschen. Andere müssen ihm das Gesicht waschen und ihn baden. Er kann weder spazieren gehen noch selbst Besorgungen erledigen.

Wenn die Leute ihn betrachten, sehen sie nicht den Menschen. Sie sehen den Körper, der ein Wunder braucht. Das ist nicht das, was Jesus sieht, sondern das, was die Leute sehen. Und das ist bestimmt auch das, was seine Freunde sehen. Also tun sie, was jeder von uns für einen Freund tun würde: Sie versuchen, für ihn Hilfe zu bekommen.

Es hat sich herumgesprochen, dass ein Zimmermann in der Stadt ist, der sich zum Lehrer und schließlich zum

Wundertäter entwickelt hat. Als die Freunde dort ankommen, wo er sich angeblich aufhält, ist das Haus bereits überfüllt. Die Leute drängen sich in den Türen. Kinder sitzen auf den Fensterbänken. Andere lugen ihren Vordermännern über die Schultern. Wie soll die kleine Gruppe von Freunden es jemals schaffen, dass Jesus sie bemerkt? Sie müssen eine Entscheidung treffen: Gehen wir rein oder geben wir auf?

Es hat sich herumgesprochen, dass ein Zimmermann in der Stadt ist, der sich zum Lehrer und schließlich zum Wundertäter entwickelt hat.

Was wäre passiert, wenn die Freunde die Hoffnung aufgegeben hätten? Was wäre gewesen, wenn sie mit den Schultern gezuckt und vor sich hingemurmelt hätten, dass zu viele Leute da wären und dass das Essen kalt würde? Wenn sie umgekehrt und wieder nach Hause gegangen wären? Sie hatten ja immerhin schon eine gute Tat vollbracht, indem sie es versucht hatten. Wer könnte es ihnen verübeln, wenn sie umkehren würden? Jede Form der Hilfe hat ihre Grenzen. Aber diese Freunde hatten noch nicht genug getan.

Einer erklärt, dass er eine Idee hat. Die vier beugen sich über den Gelähmten, stecken die Köpfe zusammen und besprechen ihren Plan, auf das Dach des Hauses zu klettern, ein paar Ziegel abzuheben und ihren Freund mit ihren zusammengeknoteten Schärpen hinunterzulassen.

Es ist riskant – sie könnten hinunterfallen. Es ist gefährlich – ihr Freund könnte hinunterfallen. Es ist unorthodox – das Dach anderer Leute abzudecken ist ausgesprochen unverschämt. Es ist aufdringlich – Jesus ist gerade anderweitig beschäftigt. Aber es ist ihre einzige Chance, zu Jesus zu gelangen. Also klettern sie auf das Dach.

Glaube tut solche Dinge. Glaube tut das Unerwartete. Und Glaube erregt Gottes Aufmerksamkeit. Lies einmal, was Markus dann schreibt: „Als Jesus ihren Glauben sah, sagte er zu dem Gelähmten: ‚Mein Sohn, deine Sünden sind dir vergeben'" (Markus 2,5).

Endlich nimmt ihn jemand beim Wort! Der Glaube dieser vier Männer an ihn und ihre Liebe zu ihrem Freund sind groß genug, dass sie das Risiko eingehen. Die Trage, die von oben heruntergelassen wird, ist ein Zeichen – da hat jemand Glauben! Jemand ist bereit, sich zu blamieren und sich verletzlich zu machen, um ein paar Augenblicke mit dem Mann aus Galiläa zu verbringen.

Der Anblick dieses Glaubens bewegt Jesus.

Die Bitte der Freunde ist berechtigt – aber zaghaft. Die Erwartungen der Menge sind hoch – aber nicht hoch genug. Sie erwarten, dass Jesus sagt: „Ich heile dich." Stattdessen sagt er: „Ich vergebe dir."

Sie erwarten, dass er seinen Körper heilt, denn das ist das, was sie sehen. Aber er beschließt, nicht nur den Körper zu heilen, sondern auch den Geist, denn das ist das, was er im Blick hat.

Sie wollen, dass Jesus dem Mann einen neuen Körper schenkt, damit er wieder gehen kann. Aber Jesus schenkt ihm Gnade, damit er leben kann. „Ehrfürchtiges Staunen erfasste die Zuschauer. Sie priesen Gott und sagten immer wieder: ‚Heute haben wir wirklich Unglaubliches gesehen'" (Lukas 5,26).

Jesus beschließt, nicht nur den Körper zu heilen, sondern auch den Geist, denn das ist das, was er im Blick hat.

Zwei Beispiele für einen Glauben, der Wunder bewirkt: eine Frau, die die Hand ausstreckt. Freunde, die sich einen Weg zu ihm bahnen. Jesus antwortet beide Male. Er tut das Unmögliche für sie. Und er wird dasselbe für dich tun. Und weißt du, was das Beste daran ist? Jesus heilt nicht nur den Körper, sondern auch die Seele. Er sieht in dir mehr als nur einen kranken Körper. Er sieht, dass auch dein Herz, dein Verstand und deine Seele Heilung brauchen. Er hat mehr zu bieten, als du erbittest, weil er genau weiß, was du brauchst. Komm zu ihm, hab Glauben, und er wird dich heilen.

Zum Nachdenken

Nimm dir Zeit, um über das Gelesene nachzudenken, und halte hier deine Gedanken und Antworten auf die folgenden Fragen fest.

1. Wo brauchst du gerade Heilung? Im Hinblick auf deinen Körper, dein Herz, eine Beziehung? Halte es hier fest.

....

....

....

....

....

....

....

   Was ist das Schlimmste an dieser Erkrankung oder diesem inneren Kaputtsein?

....

....

....

....

....

....

....

2. Kannst du dich in der Frau aus Markus 5 wiederfinden – die das Gewand von Jesus berührt, um gesund zu werden? Hast du dich schon mal so verzweifelt nach Heilung gesehnt wie sie? Falls ja, wohin hast du dich gewandt?

....

....

....

....

....

....

....

....

3. Im Markusevangelium wird auch die Geschichte von einigen Männern erzählt, die ihrem gelähmten Freund helfen. Haben Menschen aus deinem Umfeld dir schon einmal geholfen, als du in Not warst? Falls ja, wie war das?

....

....

....

....

....

....

....

....

Wenn du an deine Antwort auf Frage 1 denkst: Was könnte es für dich heißen, im Hinblick auf deine Erkrankung oder das, was in deinem Leben zerbrochen ist, die Menschen in deinem Umfeld um Hilfe zu bitten?

Was könnte es im Einzelnen heißen, dich an Jesus zu wenden?

Gottes Botschaft für dich

Diese Bibelstellen sollen dich daran erinnern, dass Gott dir hilft, wenn du krank bist.

Da drehte Jesus sich um und sagte zu ihr: „Meine Tochter, hab keine Angst! Dein Glaube hat dich geheilt.“ Und im selben Augenblick war die Frau wieder gesund.

Matthäus 9,22

Unser Glaube macht uns gesund, ob nun in körperlicher oder geistlicher Hinsicht. Glaube schenkt Hoffnung.

Kommt alle her zu mir, die ihr müde seid und schwere Lasten tragt, ich will euch Ruhe schenken. Nehmt mein Joch auf euch. Ich will euch lehren, denn ich bin demütig und freundlich, und eure Seele wird bei mir zur Ruhe kommen. Denn mein Joch passt euch genau, und die Last, die ich euch auflege, ist leicht.

Matthäus 11,28–30

Ganz gleich, woran du leidest, Jesus bietet dir Ruhe. Bitte ihn, das zu tragen, was dich so belastet.

Er wird bei ihnen wohnen und sie werden sein Volk sein und Gott selbst wird bei ihnen sein. Er wird alle ihre Tränen abwischen, und es wird keinen Tod und keine Trauer und kein Weinen und keinen Schmerz mehr geben. Denn die erste Welt mit ihrem ganzen Unheil ist für immer vergangen.

Offenbarung 21,3–4

Letztlich ist es Teil von Gottes Absichten für die Menschen, dass alle einmal geheilt werden. Er verspricht uns, dass es in der Ewigkeit keinen Tod, keine Tränen und kein Leid mehr geben wird.

Lies das folgende Gebet leise oder laut. Sitze dann anschließend noch ein bisschen in der Stille und lausche auf Gottes leise Stimme.

Gott, ich weiß, dass du mein Heiler bist. Du bist der Wundertäter. Du kannst jede Krankheit heilen. Du kannst Tote zum Leben erwecken. Ich muss gestehen, dass es mir leichter fällt, daran zu glauben, dass du andere heilen kannst, als daran zu glauben, dass du mich heilen wirst. Ich fühle mich verwundbar, wenn ich dir im Hinblick auf meine Krankheit oder das Kaputte in meinem Leben vertrauen soll. Ich will mir keine Hoffnungen machen, die dann doch nur enttäuscht werden. Aber ich will die Hoffnung auch nicht verlieren. Hilf mir, an deine heilende Kraft zu glauben. Stärke meinen Glauben an dich, an deine Macht, mich zu heilen, und an deine Liebe zu mir. Schenk mir den Mut, Freunde und Verwandte um Hilfe zu bitten. Lass mich deine heilende Kraft erleben. Lass mich wieder glauben, dass du wirklich auch in meinem Leben Wunder vollbringen kannst. Herr, mach mich gesund. Amen.

Kapitel 8

Gott will dir helfen, wenn du trauerst

Wir sprechen nicht über Friedhöfe, damit es uns besser geht. Grabstätten sind nicht sonderlich inspirierend. Aber es gibt eine Ausnahme, nämlich den Friedhof in der Nähe von Betanien. Und diese eine Ausnahme ist wirklich etwas ganz Besonderes.

Ein Mann namens Lazarus war krank. Er wohnte mit seinen Schwestern Maria und Marta in Betanien. Das ist dieselbe Maria, die dem Herrn das kostbare Duftöl über die Füße goss und sie mit ihrem Haar trocknete. Weil ihr Bruder Lazarus krank geworden war, schickten die beiden Schwestern Jesus eine Nachricht und ließen ihm ausrichten: „Herr, der, den du lieb hast, ist sehr krank."

Johannes 11,1–3

Johannes beginnt das Kapitel mit einer bedrückenden Tatsache: „Ein Mann namens Lazarus war krank." Vielleicht stehen in deinem Tagebuch ähnliche Worte: „Eine Frau namens Judith war müde." „Ein Vater namens Ben war verwirrt." „Eine Jugendliche namens Sophia war traurig."

Lazarus war ein echter Mensch mit echten Problemen. Er war krank. Er litt unter Schmerzen. Er hatte hohes Fieber und ihm drehte sich der Magen um. Aber es gab etwas, das ihm

Hoffnung schenkte. Oder besser gesagt *jemanden*. Er hatte einen Freund namens Jesus. Der Jesus, der Wasser zu Wein werden ließ, der den Sturm stillte und eine Menschenmenge mit ein paar Broten satt bekam. Andere waren bloß Anhänger von Jesus, Lazarus war sein Freund.

Also schickten Lazarus' Schwestern Jesus eine ziemlich konkrete Botschaft: „Herr, dein Freund ist sehr krank."

Sie appellierten an Jesus, erinnerten ihn daran, wie viel Zuneigung ihn mit dem Kranken verband, und brachten ihr Anliegen vor. Sie schrieben ihm nicht vor, wie er antworten sollte. Sie waren nicht unverschämt. Sie schossen auch nicht über das Ziel hinaus oder untertrieben die Situation. Sie fassten ihr Anliegen einfach in einem Satz zusammen und ließen es Jesus überbringen. Vielleicht können wir ja etwas von ihnen lernen?

Andere waren bloß Anhänger von Jesus,
Lazarus war sein Freund.

Auf die Bitte der Schwestern hin versprach Jesus, bei dem gesundheitlichen Problem zu helfen. „Als Jesus jedoch davon hörte, sagte er: ‚Lazarus' Krankheit wird nicht zum Tode führen; sie dient vielmehr der Verherrlichung Gottes. Der Sohn Gottes wird durch sie verherrlicht werden'" (Johannes 11,4).

Man kann dieses Versprechen leicht falsch verstehen. Ein Zuhörer hätte daraus schließen können, dass Lazarus nicht sterben würde. Aber Jesus machte ein etwas anderes Versprechen: „Lazarus' Krankheit wird nicht zum Tode führen." Wie sich später herausstellen sollte, würde Lazarus zwar das dunkle Tal des Todes durchschreiten, aber er würde dort nicht bleiben.

Der Bote eilte gewiss nach Betanien zurück und teilte der Familie mit, sie solle die Hoffnung nicht verlieren.

Aber „als er [Jesus] von seiner Krankheit erfahren hatte, blieb er noch zwei Tage, wo er war" (Vers 6).

Die gesundheitliche Krise wurde durch die Verzögerung noch verschlimmert. Wie oft fragte Lazarus wohl seine Schwestern: „Ist Jesus schon da?" Wie oft wischten sie ihm über die schweißnasse Stirn und schauten anschließend nach, ob Jesus endlich kam? Sicher sagten sie immer wieder zueinander: „Jetzt dauert es bestimmt nicht mehr lange … Gleich ist er da!" Aber die Tage vergingen. Kein Jesus in Sicht. Lazarus wurde immer schwächer. Kein Jesus in Sicht. Lazarus starb. Kein Jesus in Sicht.

„In Betanien berichtete man Jesus, dass Lazarus schon vier Tage im Grab lag" (Johannes 11,17). „Die Rabbis in Israel lehrten damals, dass eine Seele drei Tage lang beim Körper verweilt und ihn am vierten Tag dauerhaft verlässt."[1] Wie es schien, käme Jesus einen Tag zu spät.

Zumindest dachten die Schwestern das. „Als Marta erfuhr, dass Jesus auf dem Weg zu ihnen war, eilte sie ihm entgegen. Maria aber blieb im Haus. Marta sagte zu Jesus: ‚Herr, wärst du hier gewesen, wäre mein Bruder nicht gestorben'" (Verse 20–21).

Sie war enttäuscht von Jesus. „Wenn du nur hier gewesen wärst!" Jesus hatte ihre Erwartungen nicht erfüllt. Als Jesus eintraf, war Lazarus bereits seit mehr als einer halben Woche tot. In der heutigen Zeit wäre Lazarus schon unter der Erde gewesen oder zumindest für die Einäscherung bereit gemacht worden. Die Todesanzeige hätte schon lange in der Zeitung gestanden.

Ich weiß das, weil ich schon viele Beerdigungen geplant habe. In mehr Grabreden, als ich zählen kann, habe ich die Geschichte von Lazarus erzählt. Ich habe mich sogar getraut, am Sarg zu stehen und in die Gesichter der heutigen Martas, Marias, Martins und Michaels zu schauen. „Vielleicht seid ihr wie Marta enttäuscht. Ihr habt Jesus von der Krankheit erzählt. Ihr habt am Krankenbett ausgeharrt. Ihr habt im Krankenzimmer Nachtwache gehalten. Ihr habt Jesus gesagt, dass einer eurer Lieben krank ist, immer kränker wird und im Sterben liegt. Und jetzt ist dieser Mensch gestorben. Manche von euch sind wie Maria zu traurig. Euch fehlen regelrecht die Worte. Andere sind wie Marta zu fassungslos, um zu schweigen. Wärt ihr bereit, so zu glauben, wie auch Marta geglaubt hat?"

Achte auf ihre Worte: „Herr, *wärst* du hier gewesen, wäre mein Bruder nicht gestorben. *Aber auch so weiß ich*, Gott wird dir alles geben, was auch immer du ihn bittest"

(Johannes 11,21–22; Hervorhebung des Autors). Wie viel Zeit ist wohl vergangen zwischen „wärst du“ in Vers 21 und „auch so weiß ich“ in Vers 22? Warum änderte sie ihren Tonfall? Sah sie etwas in Jesu Gesichtsausdruck? Erinnerte sie sich an ein Versprechen, das er ihr in der Vergangenheit gegeben hatte? Wischte er eine Träne aus ihrem Gesicht? Nahm seine Ruhe ihr die Angst? Irgendetwas bewirkte jedenfalls, dass Martas Klage sich in ein Bekenntnis verwandelte.

*Wärst du bereit, so zu glauben,
wie auch Marta geglaubt hat?*

Jesus begegnete Marta mit einer Antwort, die dem Tod seine Macht nahm. Jesus sagte zu ihr: „Dein Bruder wird auferstehen.“

„Ja“, erwiderte Marta, „am Tag der Auferstehung, wenn alle Menschen auferstehen.“

Jesus erwiderte: „Ich bin die Auferstehung und das Leben. Wer an mich glaubt, wird leben, auch wenn er stirbt … Glaubst du das, Marta?“ (Verse 23–26).

Der Moment ist höchst dramatisch.

Beachte, wem Jesus diese Frage stellt: einer hinterbliebenen Schwester mit einem gebrochenen Herzen.

Beachte, wo Jesus steht, als er die Frage stellt: in der Nähe oder vielleicht mitten auf einem Friedhof.

Beachte, wann Jesus diese Frage stellt: vier Tage zu spät. Sein Freund Lazarus war schon seit vier Tagen tot, begraben.

Es war genug Zeit vergangen, dass Marta die Hoffnung aufgegeben hatte, dass Jesus eingreifen würde. Aber selbst jetzt besaß Jesus noch die Kühnheit, seine Autorität über den Tod zu bezeugen. „Glaubst du das, Marta? Glaubst du, dass ich Herr über alles bin, sogar über den Friedhof?“ Mag ja sein, dass sie im Brustton der Überzeugung antwortete, siegesgewiss wie ein triumphierender Engel. Vielleicht bebte Martas Stimme in deiner Vorstellung vor Freude und übersprudelnder Hoffnung. Ich glaube das aber nicht. Ich meine, eine kurze Pause zu vernehmen. Ein tiefes Schlucken. Ich höre ein sanftes: „Ja, Herr … Ich bin zu dem Glauben gekommen, dass du der Christus bist, der Sohn Gottes, der in die Welt kommen soll“ (Johannes 11,27).

Marta war nicht bereit zu bekennen, dass Jesus die Toten auferwecken könnte. Trotzdem zollte sie ihm dreifachen Tribut, indem sie ihn „den Christus“ nannte, „den Sohn Gottes“, „den, der in die Welt kommen soll“. Sie brachte einen Senfkornglauben auf. Und das war für Jesus genug.

Marta holte ihre Schwester herbei. Als Maria Jesus sah, brach sie in Tränen aus. „Als Jesus die weinende Maria und die Leute sah, die mit ihr trauerten, erfüllten ihn Zorn und Schmerz. ‚Wo habt ihr ihn hingelegt?‘, fragte er. Sie antworteten: ‚Herr, komm mit und sieh.‘ Da weinte Jesus“ (Johannes 11,33–35).

Was veranlasste Jesus dazu, in Tränen auszubrechen? Weinte er, weil sein Freund gestorben war? Oder bewegte ihn die Trauer der anderen? Weinte er vor Kummer? Oder vor Wut? War es das Grab, das ihm das Herz brach, oder der Gedanke an die Macht, die der Tod über die Menschen hatte?

Wahrscheinlich Letzteres, denn im nächsten Moment übernahm er mutig und entschlossen das Kommando. Jesus befahl den Trauernden, den vor dem Grab liegenden Stein wegzurollen. Marta zögerte. Wer würde das nicht? Er bestand darauf. Sie gab nach. Jesus, der Gott auch in unmöglichen Situationen dankte, sprach ein Dankgebet, und „dann rief er mit lauter Stimme: ‚Lazarus, komm heraus!‘ Und Lazarus kam heraus. Er war in Grabtücher gewickelt und sein Kopf war mit einem Tuch verhüllt. Jesus sagte: Löst die Binden und lasst ihn gehen!‘“ (Johannes 11,43–44).

„Was will uns dieses Wunder sagen?“, frage ich gern auf Beerdigungen, wobei ich aufpassen muss, nicht zu begeistert zu wirken. Es ist ja schließlich ein Trauergottesdienst. Trotzdem lasse ich mich ein bisschen mitreißen. „Wir sind nie allein. Jesus begegnet uns auf den Friedhöfen des Lebens. Ob wir dort sind, um uns zu verabschieden oder um begraben zu werden: Wir können uns darauf verlassen, dass Gott an unserer Seite ist.“

Wir sind nie allein. Jesus begegnet uns auf den Friedhöfen des Lebens.

Er ist „Herr über alle Menschen … über die Toten und über die Lebenden …“ (Römer 14,9). Der letzte Akt steht noch aus. Lazarus war nur eine Aufwärmübung. Eines Tages wird Jesus rufen und die Heiligen werden sich versammeln. Ob Friedhof, Meeresgrund, Schlachtfeld, abgebranntes Gebäude oder irgendeine andere Ruhestätte: Die Toten werden sie verlassen, in welchem Zustand sie auch immer sein mögen. Sie werden wiederhergestellt werden, sie werden auferstehen und in die Gegenwart von Jesus treten. „Erlösung“ meint mehr als die Errettung der Seelen. Erlösung ist auch die Wiedervereinigung von Seele und Körper.

Wenn wir zu Jesus Christus gehören, trauern wir auch – aber wir trauern mit Hoffnung. Lazarus ist der Beweis dafür. Sein Tod hat gezeigt, dass unser Retter mit uns über den Tod trauert. Jesus nimmt Anteil, versteht und fühlt die Last des Todes genau wie wir. Aber weil er den Tod besiegt hat, weiß Jesus auch, dass der Tod nicht das Ende ist. Er ist vielmehr der Anfang eines Lebens, das wir uns hier auf der Erde gar nicht vorstellen können. Deshalb trauere ruhig, hier und jetzt. Nimm den Trost von Jesus mitten in deiner Trauer an, aber klammere dich gleichzeitig an die Verheißung, dass die Trauer, die du in der Nacht erlebst, am Morgen der Freude weichen muss.

Zum Nachdenken

Nimm dir Zeit, um über das Gelesene nachzudenken, und halte hier deine Gedanken und Antworten auf die folgenden Fragen fest.

1. Wenn wir an „Trauer" denken, denken wir oft an die Trauer, die mit dem Tod eines Menschen oder Tieres einhergeht. Aber man kann um vieles trauern: einen zerplatzten Traum, eine Beziehung, die zerbrochen ist, ein Zuhause oder die Stadt, die man hinter sich gelassen hat. Worum trauerst du gerade oder worum hast du vor Kurzem noch getrauert? Wie verlief dieser Prozess der Trauer für dich?

....

....

....

....

....

2. Jesus hat über den Tod seines Freundes getrauert. Was empfindest du bei dem Gedanken, dass Jesus dieses Gefühl der Trauer kannte?

....

....

....

Notiere dir, über welche Gedanken oder Fragen du im Hinblick auf die Sache, über die du gerade trauerst, mit Jesus sprechen möchtest. Sei ehrlich zu ihm. Behalte im Hinterkopf, dass er mit solchen Gefühlen ebenfalls vertraut war.

3. Wo hast du schon erlebt, dass du trotz deiner Trauer auch Hoffnung empfunden hast – entweder bei dem, worum du jetzt gerade trauerst, oder bei etwas, das schon der Vergangenheit angehört?

Gottes Botschaft für dich

Diese Bibelstellen sollen dich daran erinnern, dass Gott dir hilft, wenn du trauerst.

Die Nacht ist noch voll Weinen, doch mit dem
Morgen kommt die Freude.
Psalm 30,6

Trauer dauert nicht ewig; sie wird einmal vergehen.

Er heilt gebrochene Herzen und
verbindet Wunden.
Er zählt die Sterne und
nennt jeden einzelnen beim Namen.
Unser Herr ist groß und seine Macht ist gewaltig!
Seine Erkenntnis übersteigt alles,
was wir begreifen können!
Psalm 147,3–5

Es gibt keinen Schmerz, den Gott nicht versteht.

Glücklich sind die, die erkennen,
dass sie Gott brauchen,
denn ihnen wird das Himmelreich geschenkt.
Glücklich sind die, die traurig sind,
denn sie werden getröstet werden.
Matthäus 5,3–4

Die Trauernden haben auch Grund zur Freude, denn Jesus will sie trösten.

Lies das folgende Gebet leise oder laut. Sitze dann anschließend noch ein bisschen in der Stille und lausche auf Gottes leise Stimme.

Vater, ich weiß, dass du mich trösten willst. Ich weiß, dass du stark bist, wenn ich schwach bin. Ich weiß, dass du Hoffnung schenkst, wenn ich keine Hoffnung mehr habe. All das brauche ich heute von dir – Trost, Stärke und Hoffnung –, denn ich kann das aus mir heraus nicht aufbringen. Wenn ich todtraurig bin, sehe ich nur noch Dunkelheit und empfinde nur noch Hoffnungslosigkeit. Aber du kannst mit meinem Schmerz mitfühlen. Du kennst ihn. Erinnere mich in dieser Zeit an deine Liebe. Erinnere mich daran, dass ich mich mit meinen Gedanken und

Kämpfen an dich wenden darf. Du schreckst vor diesen negativen Gefühlen nicht zurück. Halte mich in dieser Zeit der Trauer. Lass nicht zu, dass ich vor diesen Gefühlen davonlaufe, aber lass auch nicht zu, dass ich völlig verzweifle. Amen.

Kapitel 9

Gott will dir helfen, indem er dich führt

Wenn man sich das Leben doch nur genauso bestellen könnte, wie man sich einen Kaffee bestellt. Wäre es nicht toll, wenn man die Zutaten für seine Zukunft nach eigenem Geschmack und Ermessen zusammenstellen könnte?

„Ich hätte gern eine große Tasse Abenteuer, aber ohne Gefahren und mit einem Extraschuss Gesundheit."

„Bitte ein koffeinfreies, langes Leben und ein bisschen Fruchtbarkeit obendrauf. Und mit vielen Aktivitäten, aber ohne Verletzungen."

„Und ich hätte gern einen Vergnügungs-Mokka mit einer Extraportion Luxus. Aber bitte ohne Konsequenzen."

„Für mich einen großen Glücks-Latte macchiato mit einem Klecks Liebe und obendrauf noch einen Altersruhesitz auf Mallorca."

In dieses Café würde ich auch gehen! Schade, dass es das nicht gibt. In Wahrheit serviert uns das Leben oft ein ganz anderes Gebräu als das, was wir bestellt haben. Hattest du schon mal das Gefühl, dass der Mann hinter der himmlischen Cafétheke deinen Namen ruft und dir eine Tasse Stress serviert, die du gar nicht bestellt hattest?

„Hans Schmidt, hier ist Ihre Frührente mit Eheproblemen und hoher Inflation. Lassen Sie es sich schmecken."

„Sabine Müller, Sie haben einen Uni-Abschluss bestellt und danach Kinder. Hier sind schon mal die Kinder. Herzlichen Glückwunsch zu Ihrer Schwangerschaft."

„Claudia, hier ist dein neuer Arbeitsplatz in der 100 Kilometer entfernten Stadt XY, noch ganz heiß, ein halbes Jahr vor dem Schulabschluss deiner Tochter. Soll ich noch etwas Geduld draufstreuen?“

Das Leben steckt voller Überraschungen, Veränderungen und neuer Dinge. Neuer Job, neue Schule, neue Wohnung, neue Kollegen. Ständig ändert sich irgendetwas. Manche Veränderungen sind uns willkommen, andere nicht. Und wenn du mal denkst, dass das Leben gerade in etwas ruhigeren Bahnen verläuft, dann pass bloß auf! Ein 77-Jähriger erzählte neulich einem Freund von mir: „Ich hatte ein gutes Leben. Und jetzt genieße ich die letzten Jahre und freue mich auf die Zukunft.“ Zwei Wochen später fegte ein Tornado durch die Gegend, und sein Sohn, seine Schwiegertochter, sein Enkel und die Mutter der Schwiegertochter kamen dabei ums Leben. Wir wissen einfach nicht, was kommt. Auf der Liste unserer Ängste steht die Furcht vor dem, was kommen mag, ziemlich weit oben. Wir hätten es vielleicht gern etwas ruhiger, aber so kommt es nicht. Auch nicht für die Jünger.

„Für mich bitte einen großen Glücks-Latte macchiato mit einem Klecks Liebe und obendrauf einen Altersruhesitz auf Mallorca.“

„Ich gehe fort“ (Johannes 14,28).

Was war das für ein Schock für die Jünger, als sie diese Worte hörten! Jesus teilte ihnen die schlechten Neuigkeiten bei der Passahfeier mit, als sie am Donnerstagabend im Obergemach eines Hauses zusammensaßen. Jesus hatte mit seinen Freunden nach einer chaotischen Woche gerade ein schönes Abendessen genossen. Sie hatten Grund zum Optimismus: Der Bekanntheitsgrad von Jesus wuchs. Sie hatten immer mehr Möglichkeiten. Nach nur drei Jahren bejubelte die Menge Jesus. Er war der Hoffnungsträger des kleinen Mannes.

Die Jünger unterhielten sich über sein Königreich, wollten Feuer und Schwefel auf ihre Widersacher herabregnen lassen und wetteiferten um Ministerposten. Sie träumten davon, dass Israel wieder in seiner früheren Herrlichkeit erstrahlen würde. Keine römische Besatzungsmacht mehr. Sie wollten die Freiheit der Nation verkünden und Jesus sollte sie anführen.

Sie wollten die Freiheit der Nation verkünden und Jesus sollte sie anführen.

Und jetzt das! Jesus sagte: „Ich gehe fort." Diese Ankündigung machte sie fassungslos. Als Jesus dann noch erklärte: „Ihr wisst ja, wohin ich gehe und wie ihr dorthin kommen könnt", erwiderte Thomas aufgebracht: „Wir haben keine Ahnung, wo du hingehst; wie können wir da den Weg kennen?" (Johannes 14,4–5). Jesus servierte seinen Jüngern eine extragroße

Tasse tiefgreifender Veränderungen, und sie versuchten, sie zurückgehen zu lassen. Würden wir es nicht genauso machen? Aber wem gelingt das schon? Wer von uns geht schon ganz ohne Überraschungen durchs Leben? Wenn du keine Veränderungen willst, dann bist du hier falsch. Erinnerst du dich noch an Salomos Zusammenfassung des Lebens?

Alles hat seine Zeit, alles auf dieser Welt
hat seine ihm gesetzte Frist.
Prediger 3,1

In den dann folgenden sieben Versen zähle ich 8 verschiedene Phasen des Lebens: Geburt, Tod, Trauer, Freude, Liebe, Hass, umarmen, loslassen. Gott teilt das Leben genauso ein, wie er den Kosmos einteilt: in Zeiträume. Was die Erde angeht, haben wir Gottes Plan ganz gut kapiert: Die Natur braucht den Winter, um zu ruhen, und den Frühling, um wieder zu erwachen. Wir flüchten ja auch nicht in den nächsten Luftschutzbunker, sobald die Bäume Knospen bekommen. Und wenn die Blätter bunt werden, heulen auch nicht die Sirenen. Die Jahreszeiten bringen uns nicht aus der Ruhe. Aber unerwartete Phasen in unserem persönlichen Leben schon. Wenn man bedenkt, wie wir bei Veränderungen manchmal in Panik geraten, könnte man meinen, es stünde ein Bombenangriff bevor.

„Rennt um euer Leben! Demnächst bin ich mit der Schule fertig!"

„Alle in Deckung! Der Vorstand hat einen neuen Geschäftsführer eingestellt!"

„Packt die Frauen und Kinder in den Bus und bringt sie von hier weg. Der Supermarkt um die Ecke macht zu!"

Veränderungen spielen mit unserem Leben Jo-Jo, und dann schickt Gott uns jemanden, damit wir nicht aus dem Gleichgewicht geraten.

Am Vorabend seines Todes gab Jesus seinen Jüngern folgendes Versprechen: „Doch wenn der Vater den Ratgeber als meinen Stellvertreter schickt – und damit meine ich den Heiligen Geist –, wird er euch alles lehren und euch an alles erinnern, was ich euch gesagt habe. Ich lasse euch ein Geschenk zurück – meinen Frieden. Und der Friede, den ich schenke, ist nicht wie der Friede, den die Welt gibt. Deshalb sorgt euch nicht und habt keine Angst" (Johannes 14,26–27).

Veränderungen spielen mit unserem Leben Jo-Jo, und dann schickt Gott uns jemanden, damit wir nicht aus dem Gleichgewicht geraten.

Genau wie eine Lehrerin oft bei ihrem Abschied der Klasse ihre Nachfolgerin vorstellt, so stellt Jesus uns den Heiligen Geist vor. Und was für eine uneingeschränkte Vertrauenserklärung schwingt da in seinen Worten mit! Jesus sagt, der Heilige Geist sei sein „Stellvertreter". Der Heilige Geist kommt im Namen von Jesus und hat die gleiche Macht und Autorität. Kurz zuvor hatte Jesus gesagt: „Und ich werde den Vater bitten, und er wird euch einen anderen Ratgeber geben, der euch nie verlassen wird" (Vers 16).

„Einen anderen Ratgeber" – das sind bedeutungsschwere Worte. Im Griechischen gibt es nämlich zwei verschiedene Wendungen für „einen anderen". Die eine bedeutet „einen ganz anderen" und die zweite bezeichnet „einen anderen, genau wie den ersten". Als Jesus ihnen den „anderen Ratgeber" verspricht, verwendet er den zweiten Ausdruck und verspricht ihnen „einen anderen, genau wie den ersten".

Der Unterschied ist aufschlussreich. Nehmen wir einmal an, du fährst mit dem Bus und liest dabei ein Buch. Jemand setzt sich neben dich, unterbricht dich und erkundigt sich nach dem Buch. Du erwiderst: „Es ist von Max Lucado. Hier, nimm es. Ich kann mir ein anderes kaufen."

Meinst du mit „Ich kann mir ein anderes kaufen" dann „ein anderes" im Sinne von „irgendein anderes" Buch? Einen Krimi, ein Kochbuch oder einen Taschenbuchschmöker? Natürlich nicht. Da du ja einen außergewöhnlich guten Geschmack hast, meinst du natürlich genau das gleiche Buch wie das, das du gerade freundlicherweise verschenkt hast. Wenn du Griechisch sprechen würdest, dann hättest du das gleiche Wort benutzt wie das, was Johannes hier bei der Ankündigung von Jesus verwendet hat: *allos* – „einen anderen, genau wie den ersten".

Und wer ist dieser Erste? Jesus höchstpersönlich. Jesus versichert seinen Jüngern also: „Ich verlasse euch. Für euch fängt eine neue Zeit an, ein neues Kapitel. Vieles wird anders werden, aber eine Sache bleibt gleich: meine Gegenwart. Ihr werdet bloß von einem ‚anderen Ratgeber' begleitet."

„Helfer" kann auch übersetzt werden mit „Tröster" (LÜ), „Beistand" (ELB), „Ratgeber" (NL), „Ermutiger, Anwalt" (Anm. NL), „Fürsprecher" (Anm. NGÜ). Alle diese Begriffe versuchen die wunderbare Bedeutung des Begriffs *parakletos* wiederzugeben, eines zusammengesetzten griechischen Wortes. *Para* bedeutet „neben, bei, entlang, zu" (wie in „parallel" oder „paradox"). *Kletos* heißt „gerufen sein, bestimmt sein, ernannt sein". Der Heilige Geist ist also dazu bestimmt, dir zur Seite zu stehen. Er ist Jesu Gegenwart bei und in seinen Nachfolgern.

Der Heilige Geist ist dazu bestimmt, dir zur Seite zu stehen.

Siehst du, warum die Jünger diese Ermutigung brauchten? Es war Donnerstagabend, der Abend vor der Kreuzigung. Bis zum Morgengrauen würden alle Jesus verlassen haben. Am Morgen würden sie sich in irgendwelchen Höhlen und Löchern verstecken. Um neun Uhr morgens würden die Römer Jesus ans Kreuz genagelt haben. Am nächsten Tag um diese

Zeit würde Jesus tot und begraben sein. Ihre Welt würde in Kürze auf den Kopf gestellt werden. Und Jesus wollte, dass sie eines wussten: Sie würden bei all dem, was kommt, niemals ohne seine Hilfe sein. Und du ebenfalls nicht. Du hast einen Reisegefährten.

Wenn du dein Vertrauen auf Jesus setzt, platziert er seinen Geist vor, hinter und in dich hinein. Kein fremdartiger Geist, sondern derselbe Geist: der *parakletos*. Alles, was Jesus für seine Jünger getan hat, wird sein Heiliger Geist auch für dich tun. Jesus hat gelehrt; der Heilige Geist lehrt auch. Jesus hat geheilt; der Heilige Geist heilt auch. Jesus hat getröstet; sein Heiliger Geist tröstet auch. Wenn Jesus dich in eine neue Phase deines Lebens schickt, schickt er den Ratgeber und Tröster mit.

Stehen dir größere Veränderungen bevor? Bist du gerade dabei, ein neues Kapitel aufzuschlagen? Erkennst du am Baum deines Lebens Anzeichen dafür, dass eine neue Jahreszeit anbricht? Gottes Botschaft an dich ist klar: Auch wenn sich alles andere ändert – es wird sich nie etwas daran ändern, dass Gott bei dir ist. Du bist in Begleitung des Heiligen Geistes unterwegs, und der wird „euch alles lehren und euch an alles erinnern, was ich euch gesagt habe“ (Johannes 14,26).

Also darfst du dich mit dem anfreunden, was als Nächstes auf dich zukommt. Nimm es an. Akzeptiere es. Wehre dich nicht dagegen. Veränderungen gehören nicht nur zum Leben dazu, sie sind ein notwendiger Bestandteil von Gottes Strategie. Um durch uns die Welt zu verändern, weist er uns neue

Aufgaben zu. Gideon: Aus dem Bauern wurde ein Heerführer. Maria: Aus dem armen Bauernmädchen wurde die Mutter von Jesus. Paulus: Aus dem örtlichen Rabbi wurde der weltweit tätige Evangelist. Gott machte aus dem kleinen Bruder Josef einen ägyptischen Prinzen und aus dem Schafhirten David einen König. Petrus wollte im See von Genezareth Fische fangen, aber Gott gab ihm den Auftrag, die erste Gemeinde zu leiten. Gott vertraut uns neue Lebensaufgaben an.

Welche neue Aufgabe könnte er wohl für dich haben? Was auch immer es sein wird, wir alle haben einen gemeinsamen Auftrag, vor dem die Veränderungen und die Wechselfälle des Lebens verblassen: in die ewige Herrlichkeit Gottes zu kommen. Davon hätte ich gern eine extragroße Tasse voll. „Eine extragroße Tasse endloser Freude in Gottes Gegenwart mit viel Staunen, aber lass bitte den Schmerz weg." Nur zu, bestell das ruhig. Der Mann hinter der himmlischen Theke kocht immer noch Kaffee. Wer weiß – vielleicht ist das ja deine nächste Tasse.

Zum Nachdenken

Nimm dir Zeit, um über das Gelesene nachzudenken, und halte hier deine Gedanken und Antworten auf die folgenden Fragen fest.

1. Stehst du gerade vor einer größeren Veränderung in deinem Leben? Wie fühlst du dich dabei?

Wie hast du in der Vergangenheit auf Veränderungen reagiert? War deine Reaktion in diesen Situationen hilfreich oder eher schädlich? Warum?

2. Im Gegensatz zu den Jüngern weißt du ja, wie die Geschichte von Jesus ausgeht. Wie hättest du vor diesem Hintergrund versucht, den Jüngern zu helfen, die Ankündigung von Jesus (dass er sie verlassen würde) zu verstehen?

....

....

....

....

....

....

Stell dir vor, du würdest wissen, was am Ende all der Veränderungen und Umstellungen in deinem Leben steht – du würdest also deine Geschichte kennen. Wie wäre es, wenn du jetzt darauf vertraust, dass die Veränderungen zwar schwierig, aber gut und notwendig sind? Mit welchen Worten könntest du dich selbst jetzt trösten, so wie du auch die Jünger getröstet hättest?

....

....

....

....

....

....

3. Welche Rolle spielt der Heilige Geist in deinem Leben?

....

....

....

....

....

Wie könntest du dich in dieser Zeit der Veränderung auf die Hilfe des Heiligen Geistes stützen?

....

....

....

....

....

4. Hast du durch eine solche Umstellung schon mal eine neue Aufgabe von Gott bekommen? Welche war das und wie hat dich das verändert?

....

....

....

....

....

....

Welche neue Aufgabe könnte wohl durch die Umstellung, die du jetzt erlebst, auf dich warten? Was denkst du darüber?

....

....

....

....

....

....

Gottes Botschaft für dich

Diese Bibelstellen sollen dich daran erinnern, dass Gott dir hilft, wenn du seine Führung brauchst.

Ich liebe dich, Herr, durch dich bin ich stark!
Der Herr ist mein Fels, meine Burg
und mein Retter;
mein Gott ist meine Zuflucht,
bei dem ich Schutz suche.
Er ist mein Schild, die Stärke meines Heils und
meine Festung!
Psalm 18,2–3

Ganz gleich, was sich in deinem Leben verändert: Gott bleibt der Gleiche. Er ist dein Fels und deine Festung.

Alles hat seine Zeit,
alles auf dieser Welt hat seine ihm gesetzte Frist:
Geboren werden hat seine Zeit
wie auch das Sterben.
Pflanzen hat seine Zeit wie auch das Ausreißen
des Gepflanzten.
Prediger 3,1–2

Veränderungen vollziehen sich erfahrungsgemäß in Phasen und keine Phase dauert ewig.

Ich sage euch all diese Dinge jetzt, solange ich noch bei euch bin. Doch wenn der Vater den Ratgeber als meinen Stellvertreter schickt – und damit meine ich den Heiligen Geist –, wird er euch alles lehren und euch an alles erinnern, was ich euch gesagt habe. Ich lasse euch ein Geschenk zurück – meinen Frieden. Und der Friede, den ich schenke, ist nicht wie der Friede, den die Welt gibt.

Johannes 14,25–27

Der Heilige Geist ist ein Geschenk – nichts anderes auf dieser Welt schenkt uns einen so tiefen inneren Frieden, wie er es tut.

Lies das folgende Gebet leise oder laut. Sitze dann anschließend noch ein bisschen in der Stille und lausche auf Gottes leise Stimme.

Lieber Gott, ich weiß nicht, was als Nächstes kommen wird, und das macht mir Angst und bereitet mir Sorgen. Veränderung fallen mir schwer, obwohl sie auch aufregend sein können. Ich bitte dich darum, dass du mit deinem Heiligen Geist bei mir bist und mir hilfst, mir seiner Gegenwart in meinem Alltag bewusst zu sein. Lehre mich, mich auf den Heiligen Geist zu verlassen, mit ihm zu sprechen und ihn noch näher kennenzulernen – dieses Geschenk, das Christus uns gemacht hat, als er diese Erde verlassen hat. Ich bin dir dankbar, dass ich das nicht allein durchleben muss, sondern einen Ratgeber und Lehrer habe. Schenk mir ein lernbereites Herz. Ich will auf dich hören und deine Weisheit empfangen, damit ich für das bereit bin, was auch immer als Nächstes auf mich zukommt. Amen.

Kapitel 10

Gott will dir helfen, anderen zu vergeben

Manche Menschen verlassen den Weg der Vergebung, weil er ihnen zu steil vorkommt. Seien wir mal realistisch: Wenn wir vergeben, bedeutet das nicht, dass wir behaupten, die Tat sei nie passiert. Und wir entschuldigen oder ignorieren das Geschehene auch nicht. Vergebung ist nicht das Gleiche wie Versöhnung. Vergebung ist nicht erst dann möglich, wenn wir die Beziehung zum Übeltäter wiederhergestellt haben – was auch nicht immer möglich ist. Und der Ausspruch „vergeben und vergessen" legt die Messlatte unerreichbar hoch. Schmerzhafte Erinnerungen sind eben nicht wie alte Kleidung. Man kann sie nicht einfach ablegen.

Ein Schritt in Richtung Vergebung ist ein entscheidender Schritt in Richtung Glücklichsein.

Vergebung bedeutet nur, dass du deine Haltung zu der Person veränderst, die dich verletzt hat. Du bemühst dich darum, das Verlangen abzulegen, dem anderen ebenfalls Schmerzen zuzufügen, und bist offen dafür, Frieden zu schließen. Ein Schritt in Richtung Vergebung ist ein entscheidender Schritt in Richtung Glücklichsein.

Wissenschaftler der *Duke University* haben eine Liste mit acht Faktoren aufgestellt, die die emotionale Stabilität fördern; vier davon hängen mit Vergebung zusammen.

1. Vermeiden von Misstrauen und Ressentiments.
2. Nicht in der Vergangenheit leben.
3. Weder Zeit noch Energie darauf verschwenden, gegen Umstände anzukämpfen, die man nicht ändern kann.
4. Nicht in Selbstmitleid verfallen, wenn man schlecht behandelt wird.[1]

Es ist also kein Wunder, dass sich in der langen Liste der „einander"-Verse im Brief von Paulus an die Epheser auch der Punkt „Vergebung" findet. „Seid stattdessen freundlich und mitfühlend zueinander und vergebt euch gegenseitig, wie auch Gott euch durch Christus vergeben hat" (Epheser 4,32).

Es genügte Paulus nicht zu sagen: „Vergebt einander, wenn euer Gewissen euch das sagt" oder: „soweit ihr euch damit gut fühlt" oder: „soweit es sinnvoll ist". Nein, Paulus tut das, was er so gern tut: Er hält uns Jesus als Maßstab vor: „… vergebt euch gegenseitig, wie auch Gott euch durch Christus vergeben hat."

Verlassen wir also die Briefe und blättern nach vorn zu den Evangelien, um dort nach einer Begebenheit zu suchen, in der davon berichtet wird, dass Jesus anderen vergeben hat. Wir haben kaum die letzten Seiten des Johannesevangeliums aufgeschlagen, da stoßen wir auch schon auf das erste Beispiel. In der Geschichte geht es um eine Schüssel mit Wasser, ein Handtuch, ein Dutzend Paar dreckiger Füße und zwölf Jünger.

Jesus aber wusste, dass der Vater ihm uneingeschränkte Macht über alles gegeben hatte und dass er von Gott gekommen war und zu Gott zurückkehren würde. Er stand vom Tisch auf, zog sein Obergewand aus, band sich ein Handtuch um die Hüften und goss Wasser in eine Schale. Dann begann er, seinen Jüngern die Füße zu waschen und sie mit dem Handtuch abzutrocknen, das er sich umgebunden hatte.

Johannes 13,3–5

Wie lange hat wohl dieses Waschen der Füße gedauert? Falls Jesus zwei oder drei Minuten pro Fuß brauchte, war er grob geschätzt etwa eine Stunde lang beschäftigt. Und mach dir jetzt noch bewusst, dass das die letzten Minuten waren, die Jesus mit seinen Jüngern verbringen würde. Würden wir die drei Jahre, die er gemeinsam mit ihnen unterwegs war, mithilfe einer Sanduhr messen, würden gerade die letzten Körnchen hindurchrieseln. Und Jesus beschloss, diese letzten Minuten in einen stillen Akt der Demut zu investieren.

Würden wir die drei Jahre, die Jesus gemeinsam mit den Jüngern unterwegs war, mithilfe einer Sanduhr messen, würden gerade die letzten Körnchen hindurchrieseln.

Später in dieser Nacht sollten die Jünger begreifen, welche Tragweite diese Geste besaß. Sie hatten fest versprochen, ihrem Herrn treu zur Seite zu stehen, aber dieses Versprechen schmolz wie Wachs in der Hitze der römischen Fackeln. Als die Soldaten anrückten, nahmen die Jünger Reißaus.

Ich stelle mir gern vor, dass sie so lange rannten, bis sie schließlich vor Erschöpfung zu Boden fielen und die Köpfe in den schmutzigen Sand sinken ließen. Da erinnerten sie sich daran, dass Jesus ihnen erst vor wenigen Stunden die Füße gewaschen hatte. Und in diesem Augenblick begriffen sie, dass er ihnen vergeben hatte, noch bevor sie überhaupt wussten, dass sie Vergebung brauchen würden.

Jesus vergab seinen Verrätern, bevor sie ihn verrieten.

Und hat er für uns nicht das Gleiche getan? Wir wurden verletzt, vielleicht sogar sehr. Aber wurde uns nicht schon im Voraus vergeben? Noch bevor wir wussten, dass wir Vergebung brauchen, wurde sie uns schon gewährt.

Nehmen wir einmal an, ich käme irgendwie an das Video, auf dem dein gesamtes Sündenregister festgehalten wurde. Jeder Fehltritt, jeder böse Gedanke, jede unbesonnene Aussage. Würdest du wollen, dass ich es auf einer Leinwand zeige? Auf gar keinen Fall. Du würdest mich anflehen, es nicht zu tun. Und ich würde dich anflehen, meines nicht zu zeigen.

Keine Angst. Ich besitze dieses Video natürlich nicht. Aber Jesus schon. Er hat es bereits gesehen. Er hat jeden hinterhältigen Augenblick unseres Lebens gesehen. Und er hat beschlossen: „Meine Gnade ist alles, was sie brauchen. Ich kann diese Menschen reinwaschen. Ich werde ihre Vergehen abwaschen." Deshalb sollten wir das Obergemach der Vergebung zu unserem festen Wohnsitz machen.

Der Apostel Johannes war ein Verfechter des Gedankens, dass wir uns immer wieder von Jesus Christus reinigen lassen sollten:

Wenn wir wie Christus im Licht Gottes leben, dann haben wir Gemeinschaft miteinander, und das Blut von Jesus, seinem Sohn, reinigt uns von jeder Schuld.

1. Johannes 1,7

Doch wenn wir ihm unsere Sünden bekennen, ist er treu und gerecht, dass er uns vergibt und uns von allem Bösen reinigt.

1. Johannes 1,9

Jesus wäscht unsere Schuld von uns ab. Er wusste, wir würden unsere Versprechen nicht halten. Er wusste, wir würden uns aus Scham in ein finsteres Loch verkriechen. Er wusste, wir würden den Kopf in den Sand stecken.

Das ist auch der Kontext, in dem Paulus uns auffordert, dem Beispiel von Jesus zu folgen und anderen mit Vergebung zu begegnen, statt Vergeltung zu fordern. Wir sollten aber nicht etwa deshalb gnädig sein, weil andere es *verdient* hätten, sondern weil wir selbst auch mit Gnade überschüttet wurden. „Vergebt euch gegenseitig, wie auch Gott euch durch Christus vergeben hat“ (Epheser 4,32).

Jesus hat sich ein Handtuch umgebunden, trägt die mit Wasser gefüllte Schüssel in der Hand und sagt zu seiner Kirche: „So machen wir das.“

Jesus hat sich ein Handtuch umgebunden, trägt die mit Wasser gefüllte Schüssel in der Hand und sagt zu seiner Kirche: „So machen wir das.“

„Und weil ich, der Herr und Meister, euch die Füße gewaschen habe, sollt auch ihr einander die Füße waschen. Ich habe euch ein Beispiel gegeben, dem ihr folgen sollt. Tut, was ich für euch getan habe“ (Johannes 13,14–15).

Sollen die anderen doch zanken und streiten – wir tun das nicht.

Sollen die anderen sich doch rächen, wenn ihnen unrecht getan wurde – wir tun das nicht.

Sollen die anderen doch nachtragend sein – wir sind das nicht.

Wir nehmen das Handtuch. Wir gießen Wasser in die Schüssel. Wir waschen einander die Füße.

Jesus konnte das tun, weil er wusste, wer er war – vom Himmel gesandt und für den Himmel bestimmt. Und du? Weißt du, wer du bist? Du bist das Geschöpf eines guten Gottes und wurdest nach seinem Bild erschaffen. Du bist dazu bestimmt, in einem ewigen Königreich zu herrschen. Du bist nur einen Wimpernschlag vom Himmel entfernt.

Wenn dir bewusst ist, wer du bist, wirst du auch in der Lage sein, das zu tun, was Jesus getan hat. Leg das Obergewand aus vermeintlichen Vorrechten und Erwartungen ab, und tu das Mutigste, was du tun kannst: Wasch Füße.

Lass uns „freundlich und mitfühlend zueinander" sein und uns gegenseitig vergeben (Epheser 4,32).

Mitfühlend: bereit für Veränderung, sanft, freundlich, entgegenkommend.

Hartherzig: kalt, hart, unnachgiebig.

Welche Begriffe beschreiben dich?

Ich will eines klarstellen: Ich will den Täter nicht in Schutz nehmen oder das, was jemand dir angetan hat, herunterspielen. Die Frage ist nicht, *ob* du verletzt wurdest. Die Frage ist, ob du zulässt, dass der Schmerz dich innerlich hart macht, dich abstumpft, dir alle Freude raubt.

Wärst du nicht lieber mitfühlend und würdest vergeben, um die Lasten abzulegen, die du aufgrund dieser Erfahrungen mit dir herumträgst?

Die folgenden Schritte können dir dabei eine Hilfe sein.

Finde heraus, was du vergeben musst. Sei dabei so konkret wie möglich. Nähere dich dem Problem, bis du das Verhalten benennen kannst. „Er hat sich wie ein Idiot benommen" ist zu oberflächlich. „Er hat versprochen, die Arbeit im Büro zu lassen und zu Hause für mich da zu sein" ist schon besser.

Frage dich, warum es wehgetan hat. Warum schmerzt diese Sache so? Was genau hat dich verletzt? Fühlst du dich verraten? Ignoriert? Isoliert? Gib dir Mühe, eine Antwort zu finden, und bevor du deine Wut oder Enttäuschung an dem Übeltäter auslässt …

Bring das Problem zu Jesus. Niemand wird dich jemals so lieben wie er. Nutze diese Verletzung als Gelegenheit, deinem Retter näherzukommen. Bist du unglücklich, weil dir etwas zugestoßen ist und du nicht bereit bist, deinem Gegenüber zu vergeben? Raubt dir dieses Ereignis deinen inneren Frieden? Wenn du diese Fragen mit Ja beantwortet hast, solltest du den ersten Schritt in Richtung Vergebung unternehmen: Sprich mit Jesus über die Verletzung, bis du merkst, dass die Wut nachlässt. Und wenn du spürst, dass sie wieder in dir hochkommt, dann wende dich einfach erneut an ihn.

Und wenn du dich irgendwann innerlich sicher fühlst …

Sag der Person, dass sie dich verletzt hat und wodurch. Bring deine Klage mit einem kühlen Kopf vor und mit dem einfachen Wunsch, das abzulegen, was dich belastet. Sei konkret, aber nicht zu dramatisch. Erkläre, was der oder die Betreffende getan hat und wie du dich dabei gefühlt hast. Das könnte zum Beispiel so klingen: „Wir hatten ausgemacht, dass unser Zuhause ein Rückzugsort sein soll. Aber es kommt mir so vor, als würdest du dich nach dem Abendessen in E-Mails und Projekten vergraben. Deshalb fühle ich mich in meinen eigenen vier Wänden einsam."

Wenn du dein Anliegen respektvoll und offen vorbringst, kann das der erste Schritt zur Vergebung sein. Es ist nicht leicht, ein heikles Thema anzusprechen, schließlich legst du dabei die Kleidung eines Dieners an. Indem du das Problem ansprichst, gibst du jedoch der Vergebung eine Chance, es aus der Welt zu schaffen.

Es ist nicht leicht, ein heikles Thema anzusprechen, schließlich legst du dabei die Kleidung eines Dieners an.

Wird es gelingen? Wird die Gnade siegen? Dafür gibt es keine Garantie. Doch ganz gleich, ob es gelingt oder nicht, dein nächster Schritt ist:

Bete für die Person, die dich verletzt hat. Man kann Versöhnung nicht erzwingen, aber man kann für den anderen auch dann schon beten, wenn die Situation noch nicht geklärt ist. „Betet für die, die euch verfolgen!" (Matthäus 5,44). Wenn du für dein Gegenüber betest, kann das auch dazu führen, dass du erkennst, wo du noch Groll hegst. Und wenn du merkst, dass es dir trotzdem schwerfällt, der Person zu vergeben, die dich verletzt hat? Bitte Jesus, dir zu helfen.

Hier noch ein letzter Gedanke:

Trag die Verletzung zu Grabe. Ich meine nicht „begraben“ im Sinne von „verdrängen“. Man hat nichts gewonnen, wenn man negative Gefühle tief in sich vergräbt. Aber wenn man die Erinnerung an ein verletzendes Ereignis in einen Sarg legt (eine Schuhschachtel tut es auch) und sie auf dem Friedhof namens „Das Leben geht weiter“ begräbt, kann etwas Wunderbares passieren. Nimm, symbolisch gesprochen, deinen Hut ab und vergieß eine letzte Träne. Wenn du spürst, dass wieder Wut in dir hochkommt, dann sag zu dir selbst: „Es wird Zeit, mutig in eine bessere Zukunft zu blicken.“

Bist du bereit, einen dieser Schritte zu gehen? Und wenn es auch erst mal nur der erstgenannte ist? Wenn du im Stillen immer noch wütend bist und dem anderen sein oder ihr Verhalten nachträgst, könnte es vielleicht Zeit sein, dem Beispiel zu folgen, das Jesus uns damals dort im Obergemach gegeben hat. Es könnte Zeit sein zu vergeben, so wie Gott auch dir durch Jesus Christus vergeben hat.

Zum Nachdenken

Nimm dir Zeit, um über das Gelesene nachzudenken, und halte hier deine Gedanken und Antworten auf die folgenden Fragen fest.

1. Vergebung ist ein schwieriges Thema, das schmerzhafte Erinnerungen wecken kann. Welche Gedanken und Erinnerungen sind dir beim Lesen durch den Kopf gegangen?

   ....

   ....

   ....

   ....

   ....

   ....

   Ist dir eine bestimmte Person in den Sinn gekommen, der du vergeben solltest? Wenn ja, wer? Warum bzw. was solltest du dieser Person vergeben?

   ....

   ....

   ....

   ....

   ....

   ....

2. Lies die Geschichte über die Fußwaschung noch einmal (Johannes 13,3–5). Was spricht dich in diesem Abschnitt besonders an?

....

....

....

....

....

....

....

....

....

Wie hätte es sich wohl angefühlt, wenn du an jenem Abend einer der Jünger gewesen wärst?

....

....

....

....

....

....

....

....

....

....

3. Was ist deiner Meinung nach Sinn und Zweck von Vergebung und wie bist du zu dieser Überzeugung gelangt? Durch persönliche Erfahrung, die Bibel, das, was jemand dir beigebracht oder erzählt hat? Erläutere deine Antwort.

....

....

....

....

....

....

....

....

4. Welchen der Schritte zur Vergebung, die hier beschrieben wurden, könntest du heute im Hinblick auf jemanden gehen, dem du vergeben solltest? Wie würde es ganz praktisch aussehen, wenn du diesen Schritt tatsächlich machst?

....

....

....

....

....

....

....

Gottes Botschaft für dich

Diese Bibelstellen sollen dich daran erinnern, dass Gott dir hilft, wenn du versuchen willst, jemandem zu vergeben.

Herr, du bist so gut und immer bereit zu
vergeben, voller Gnade für alle,
die dich um Hilfe bitten.
Psalm 86,5

Gott hat für jeden von uns nicht bloß ein bisschen Liebe und Vergebung. Er hat unendlich viel davon und überschüttet jeden, der ihn darum bittet, großzügig damit.

Dann kam Petrus zu ihm und fragte:
„Herr, wie oft soll ich jemandem vergeben,
der mir unrecht tut? Sieben Mal?“
„Nein!“, antwortete Jesus,
„siebzigmal sieben Mal!“
Matthäus 18,21–22

Vergebung ist keine einmalige Sache. Mit Vergebung ist eher eine grundlegende Haltung gegenüber anderen gemeint.

Seid stattdessen freundlich und mitfühlend zueinander und vergebt euch gegenseitig, wie auch Gott euch durch Christus vergeben hat.

Epheser 4,32

Wir vergeben, weil er uns zuerst vergeben hat.

Lies das folgende Gebet leise oder laut. Sitze dann anschließend noch ein bisschen in der Stille und lausche auf Gottes leise Stimme.

Lieber Gott, ich muss dir gestehen, dass es mir nicht leichtfällt, anderen zu vergeben. Ich neige eher dazu, viel zu lange an meinem Groll festzuhalten. Ich erinnere mich immer wieder daran, wie andere mich verletzt haben. Ich erinnere mich daran, wer mich verletzt hat. Und ich habe Angst, dass sie zu gut dabei wegkommen, wenn ich ihnen vergebe. Ich würde gern selbst für Gerechtigkeit sorgen. Aber ich weiß, dass du einen anderen Weg für mich geplant hast – einen Weg der Gnade, der Liebe und des Friedens –, wo ich nicht dafür verantwortlich bin, jemanden zu richten, und wo ich die Verletzungen aus der Vergangenheit loslassen kann. Schenke mir ein weiches Herz, das bereit ist, diesen Weg einzuschlagen. Zeige mir, wie ich vergeben kann, so wie mir vergeben wurde. Danke, dass du deinen Sohn gesandt hast, damit mir meine Schuld vergeben wird. Wenn ich mir immer stärker bewusst werde, wie sehr du mir vergeben hast, werde ich vielleicht auch besser in der Lage sein, anderen zu verzeihen. Amen.